Die verborgene Ordnung des Weltsystems

Der österreichisch-ungarische Mikrobiologe Raoul Heinrich
Francé (1874 -1943) studierte Medizin und erwarb darüber hinaus
Kenntnisse in analytischer Chemie und Mikrotechnik. Als stellver-
tretender Leiter des Institutes für Pflanzenschutz der Landwirtschaftlichen Akademie in Ungarisch-Altenburg veröffentlichte er
sein erstes naturphilosophisches Werk. 1906 gründete er in
München die Deutsche Mikrologische Gesellschaft und deren
Institut, dem er als Direktor vorstand. In seinem Leben schrieb er
mehr als 60 Bücher, die moderne ökologische Ideen vorweg-
nahmen und nach wie vor aktuell sind. Verschiedenen Schriften-
reihen, wie der Zeitschrift „Mikrokosmos", dem „Jahrbuch für
Mikroskopiker" und der „Mikrologischen Bibliothek", stand er als
Herausgeber vor.

Raoul H. Francé gilt als Entdecker der Bodenlebewesen und Begründer der Biotechnik. Zahlreiche seiner fortschrittlichen Ideen
wurden erst heute wiederentdeckt. In München und in Dinkels-
bühl tragen Straßen seinen Namen.

Der   Naturwissenschaftler   Dipl.-Math.   Klaus-Dieter
Sedlacek, Jahrgang 1948, lebt seit seiner Kindheit in Süddeutsch-
land. Er studierte neben Mathematik und Informatik auch Physik.
Nach dem Studienabschluss 1975 und einigen Jahren Berufspraxis
gründete er eine eigene Firma, die sich mit der Entwicklung von
Anwendungssoftware beschäftigte. Diese führte er mehr als fünf-
undzwanzig Jahre lang. In seiner zweiten Lebenshälfte widmet er
sich nun seinem privaten Forschungsvorhaben. Er hat sich die
Aufgabe gestellt, die Physik von Information, Bedeutung und
Bewusstsein näher zu erforschen und einem breiteren Publikum
zugänglich zu machen. Im Jahr 2008 veröffentlichte er ein auf-
sehenerregendes und allgemein verständliches Sachbuch mit dem
Titel „Unsterbliches Bewusstsein – Raumzeit-Phänomene, Beweise
und Visionen". Er ist unter anderem der Herausgeber der Reihe
„Wissenschaftliche   Bibliothek"   und   „Wissenschaft
gemeinverständlich".

Dr. h. c. Raoul H. Francé

Klaus-Dieter Sedlacek (Hrsg.)

Die verborgene Ordnung des Weltsystems

Neue Erkenntnisse über die
schöpferischen Kräfte der Natur

Toppbook Natur und Wissen Bd. 2
Neu bearbeitet vom Herausgeber

Bibliografische Information Der Deutschen Bibliothek:
Die Deutsche Bibliothek verzeichnet diese Publikation in
der Deutschen Nationalbibliografie; detaillierte
bibliografische Daten sind im Internet über
http://dnb.ddb.de
abrufbar.

Herstellung und Verlag:
BoD – Books on Demand, Norderstedt
ISBN 978-3-7412-6622-5

Inhaltsverzeichnis

Antennae galaxies (aufgenommen durch Chandra,_Hubble_Spitzer)
CC0 NASA-STScl-ESA

VORBEMERKUNG

Dieses Buch will nicht bloß gelesen sein, sondern es hat den Ehrgeiz, studiert und nach allen Richtungen hin kritisiert zu werden. Es will zu den Werken gehören, die seinen Leser auf dem ganzen Lebensweg begleiten; man soll sich in allen Lebenslagen daran erinnern, vor jeder Entscheidung und Wendung, in Glück und Not. Es möchte um guten Rat gefragt werden wie ein Freund. Denn die darin niedergelegten Tatsachen und Folgerungen scheinen die Kraft zu haben, diesen Rat erteilen zu können. Sie zeigen einen ganz sicheren Weg jedem Einzelnen, so musst du dich den Dingen und Lebensfragen gegenüber einstellen, um zu der für dich möglichen besten Form des Lebens zu kommen. Diese Form ist fast für jedermann eine andere. Es wird also nichts Absolutes gezeigt, sondern nur Zusammenhänge, die es dem Leser klarmachen, wenn er so handeln wird, dann wird es zu diesen Folgen kommen, und zu jenen, wenn er anders handelt.

Aber dieses Ziel, den Weg zu einer besseren Art von Leben aufzudecken, ist doch letzten Endes die Aufgabe, die der Mensch den Wissenschaften gesteckt hat, es ist sogar, wenn man nur die großen verdunkelnden Worte wegräumt, der Sinn alles philosophischen Strebens. Auch Religion hat für dieses Leben kein höheres Ziel, als den Menschen auf den Weg des richtigen Lebens zu bringen.

Ich versuche das hier in der einfachsten, verständlichsten, ernstesten Form. Ich bitte es also so aufzunehmen und sich damit so auseinanderzusetzen, wie es gemeint ist, als redliche Aussprache von Mensch zu Mensch. Da diese Kenntnisse und Einsichten mir geholfen haben, will ich auch anderen helfen.

Dr. h. c. R. Francé.

Professor R. H. Francé nach einer Radierung von S. Lipinsky

I.   DIE WICHTIGSTE FRAGE VON HEUTE

So wie Europa in dem letzten Menschenalter geworden ist, gibt es für fast alle Menschen heute keine wichtigere Frage als die, wie kann man am besten, geschicktesten arbeiten, seine Leistungen und Erfindungskraft (was ja mit Geisteskraft gleichbedeutend ist) am höchsten steigern? Es hat also jedermann schon wenigstens einmal darüber nachgedacht, woher kommt denn Erfindungskraft? Ist sie nur dem Menschen zu eigen oder ist sie schon in das Leben selbst gelegt von den schöpferischen Kräften? Hat nur der Mensch technische Leistungen und Erfindungen oder erkennt man solche auch schon auf den vormenschlichen Lebensstufen? Man hat lange Jahre hindurch diese Frage in dem Sinn beantwortet, nur der Mensch sei zu Erfindungen befähigt. Darauf beruhe eben das eigentlich Menschliche, nämlich seine Zivilisation. Aber man hat in diesem Punkt umlernen müssen.

Der Schweizer Naturforscher E. Goeldi[1] und nach ihm der deutsche Tierkundige Doflein und viele andere, haben Ameisen in den heißen Ländern beobachtet, die Werkzeuge benützen, also eine Erfindung gemacht haben. In Südamerika lebt zum Beispiel eine Ameisenart, die unter dem wissenschaftlichen Namen Camponotus senex beschrieben ist und ballenartige Nester aus dürren Blättern spinnt, die sie durch feine,

---

1   Vgl., E. Goeldi, Der Ameisenstaat. Akad. Vorträge. Leipzig-Berlin (B. G. Teubner) 1911.

gelbliche, seidenpapierartige Fasermasse miteinander verwebt. „Nun sind aber die Ameisen", sagt Goeldi, „in ausgewachsenem Zustand ebenso wenig fähig zu spinnen, wie ein ausgewachsener Schmetterling; Spinndrüsen sind eben nur das Monopol der Seidenraupen, in diesem Fall der Ameisenlarven. Wie hilft sich nun die Ameise Camponotus, um trotzdem ein gesponnenes Nest herzustellen?

Sie nimmt die Larve zwischen die Kiefer, begibt sich mit ihr an den Rand zweier zu verbindender Blätter und veranlasst die Larve, einen Faden herauszugeben. Sie bedient sich des Spinnvermögens der Larve also völlig, wie der Weber sich des Weberschiffchens bedient. Das geschieht auf der Innenseite, während andere Arbeitsameisen auf der Außenseite dadurch helfend eingreifen, dass sie in geschlossener Kolonne die zu verbindenden Blattränder so lange in erzwungener Annäherung halten, bis die Naht innen fertiggestellt wurde. Emsig hantieren die Tiere an der Spalte, jede mit einer um den Leib gepackten Larve in den Kiefern. Hierhin und dorthin wird die Larve gehalten, zum Zweck der Abgabe eines Tropfens Spinnsubstanz, die bald zäh wird und als Ansatzstelle verhärtet; dann wird der Faden hinüber- und herübergezogen. Erst sind es einige wenige provisorische Quertaue, gleichsam Heftfäden; in kurzer Zeit aber sind die Blattränder durch ein dichtes, lückenlos gesponnenes Band in dauerhafter Weise vereinigt. Die Larve dieser Ameise wird somit tatsächlich als Weberschiffchen verwendet und stellt eines jener seltenen Beispiele dar, wo im Tierreich ein Instrument absichtlich benutzt wird." Mit diesen Worten schildert der erste Beobachter diese merkwürdigen Tatsachen und Doflein bestätigt sie von südasiatischen Weberameisen. Wenn aber jemand hier einwenden wollte, es handle sich doch nicht um richtigen Werkzeuggebrauch, da doch ein Tier das andere verwendet, der sei auf den Schneidervogel verwiesen, dessen viel beobachtetes Gebaren außer allem Zweifel steht.

Der bekannte Vogelkenner F. v. Lucanus sagt hierüber folgendes[2]: „Ein wahrer Nähkünstler ist der indische Schneidervogel (Orthotomus sepium Horst), ein kleiner langschwänziger, olivgrüner Singvogel. Der Vogel heftet die Ränder zweier benachbarter Blätter oder auch eines Blattes, das er zusammenfaltet, aneinander, so dass eine Tüte entsteht, die ihre Öffnung oben am Stielende des Blattes hat. In dieser Tüte baut dann der kleine Künstler sein Nest aus Pflanzenwolle und Tierhaaren. Das Zusammenheften der Blätter erfolgt in der Weise, dass der Vogel mit dem Schnabel Löcher in den Rand der Blätter sticht und dann einen aus roher Baumwolle selbst gedrehten oder auch einen aufgefundenen Bindfaden hindurchzieht. Die sonderbare Nesthülle wird also regelrecht genäht."

Bemerkenswert ist in diesem Fall nicht nur der „Einfall", die Blätter aneinander zu heften, sondern vielleicht noch weit mehr das Aufsuchen der Baumwollstauden, die Erkenntnis, dass hier ein technisch verwendbares Rohmaterial vorliegt, und schließlich dessen Verarbeitung zu Garn und sinngemäße An-

---

2 Vgl. F. v. Lucanus, Das Leben der Vögel. Mit 19 farbigen Tafeln. Berlin (Scherlverlag) 1925.

wendung. Die vollkommene Parallele zur Menschentechnik liegt in diesem Fall auf der Hand. Darin übertrifft der Schneidervogel sogar die viel genannten Beispiele der Grabwespen und der „Teneriffaschimpansen", die seit 1920 als entscheidende Beweise in der Frage des Werkzeuggebrauches durch Tiere gelten. Immerhin sind auch diese Beobachtungen von so großem Wert, dass man sie nicht übergehen darf.

Grabwespen oder Sandwespen hat zuerst der französische Insektenforscher Fabre[3] beobachtet, trotzdem bei ihrer Häufigkeit eigentlich am ersten Tag, da der Mensch seiner Umgebung sich zuwandte, diese Erkenntnisse hätten gewonnen werden können. Denn die Sandwespen schwirren um jeden lehmigen oder sandigen Hügel, der geeignet ist, dass sie darin die kleinen Höhlungen bohren, in denen sie Brut zu verstecken pflegen. Sie selbst sind ganz harmlose Wesen, ernähren sich von Blumenstaub und Säften, aber in den Tagen ihrer Mutterschaft verwandelt sich ihre ganze Natur und es tritt eine eigentümliche Steigerung ihrer Fähigkeiten ein. In die selber gegrabene Höhle legen sie ihr Ei ab; die daraus schlüpfende Larve ist ein Fleischfresser, sie verlangt nach Insekten, die sie bei lebendem Leib aufzehren will. Und die Mutter bringt ihnen wirklich lebende Kerftiere. Sie überfällt Raupen, Heuschrecken, Fliegen und sticht sie in den Kopf. Mit einem meisterlichen Dolchstich, der das Opfer zwar nicht tötet, wohl aber lähmt. Regungslos an allen

---

3 Vgl. J. H. Fabre, Souvenir entomologiques. Deutsch unter dem Titel: Bilder aus der Insektenwelt. I. bis IV. Reihe. Stuttgart, Franckh'sche Verlagshandlung.

Gliedern, atmet es noch; es kann nicht mehr fressen, noch weniger entfliehen, aber es bleibt gut an zwei Wochen in diesem Scheintod am Leben. Die gelähmten Tiere schleppt die Wespe mit größter Mühe zu ihrem Bau, schichtet sie dort auf und verschließt die Höhle kunstgerecht durch eine aus verklebtem Sand hergestellte Mauer.

Die Grabwespe Ammophila benutzt ein Kieselkörnchen als Werkzeug

Die Grabwespen haben aber erbitterte Feinde in den Schlupfwespen, die Höhle um Höhle absuchen. Denn auch sie sind Mütter und treiben Brutpflege. Die ihre besteht darin, ihr Ei den Opfern der Grabwespen einzuimpfen. Wenn die Grabwespenlarve erwacht, hat sie die Konkurrenz im eigenen Nest; die Schlupfwespenlarven fressen ihr den Braten weg. Gegen diese Gefahr verschließt Mutter Grabwespe die Höhle, und damit die listigen Feinde die frisch vermauerte Öffnung nicht entdecken, bestreut sie die „Tür" mit Sand, sucht sich einen ihren Kräften entsprechenden Kieselstein, nimmt ihn in die Kiefer und stampft nun ganz kunstgerecht als Pflasterer den Sand zurecht.

Da ist wieder eine „Tiertechnik", eigentlich mehrere, denn auch die Lähmung durch Anstechen eines Nervenknotens ist eine, noch dazu uns Menschen ganz unerreichbare und kaum verständliche. Kein Zweifel kann daran sein, dass hier ein Tier sich ein Werkzeug sucht und es sinngerecht verwendet.

Anders handelten die in der wissenschaftlichen Welt durch Köhlers Untersuchungen[4] berühmt gewordenen Menschenaffen auf Teneriffa auch nicht, wie dieses kleine Insekt. Von 1912 bis 1920 wurden auf der genannten Kanarieninsel mit ihrem Tropenklima neun Schimpansen beobachtet, die in einem großen Bananengarten in völliger Freiheit lebten. Sie wurden, ohne dass sie es wussten, von Berufspsychologen auf ihre geistigen Fähigkeiten hin geprüft, hier liegt also ein Beobachtungsmaterial vor, wie es exakter und kritischer nicht mehr gewünscht werden kann. Somit ist es keinem Zweifel zugänglich, dass diese Tiere Stöcke als Werkzeuge benützten, sich passende suchten, und wenn sie solche nicht fanden, wenig geeignete durch Zurechtbeißen brauchbar machten. Sie hängten sich Krautranken, Schnüre, Zeugfetzen als Schmuck um Schultern und Kopf, obwohl sie nie Derartiges gesehen hatten, und pflegten so aufgeputzt gemeinsame Reigentänze aufzuführen, wobei der Führer der Polonaise bei jedem zweiten Schritt heftig stampfte.

---

4 Vgl. W. Köhlers Bericht über die Teneriffa-Affenforschungen in den Sitzungsberichten der Berliner Akademie der Wissenschaften. Dazu A. Troll, Menschenaffen, Erlebnisse mit Großaffen, Berlin 1926.

Wenn die Haut an der schwer erreichbaren Schulter juckt, wird eine Scherbe, ein Stein oder dergleichen genommen und die Stelle damit gekratzt. Die Stöcke wurden benutzt, um schwer erreichbare Gegenstände heranzuziehen oder zu graben. „Es blieb aber nicht bei der Werkzeugbenutzung, die Affen gingen auch dazu über, sich selbstständig Werkzeuge herzustellen." Sie brachen Äste ab, oder hohle feste Schilfstängel, ja sie steckten zwei und drei Rohrstücke geschickt ineinander, um das Werkzeug zu verlängern. In einem Fall biss das Tier mit seinen kräftigen Zähnen so lange am spitzen Ende eines Brettchens herum, bis es die nötige Dicke hatte, um in das Schilfrohr gesteckt werden zu können.

Die Beobachter haben ganz recht, wenn sie hierzu bemerken, dass wohl die kulturlosen Menschen der Urzeit bei ihrer ersten Werkzeugbereitung nicht wesentlich anders zu Werke gegangen sein mögen.

Was hier wiedergegeben wird, ist nicht das ganze Material über Erfinder im Tierreich und Werkzeuggebrauch vor der menschlichen Zivilisation, es ist nur ein Ausschnitt daraus. Aber der maßgebliche und entscheidende. Schneidervogel, Grabwespe, Weberameise und Schimpanse bezeugen übereinstimmend, dass Erfindungskraft schon im Tierreich beginnt und dass der Mensch nur der unübertroffene Meister auf einem Gebiet ist, dessen Wurzeln in der vormenschlichen Lebewelt stecken.

Ideales Bild einer vergrößerten Bodenspalte mit den wichtigsten Bodenorganismen (Bodenpilze — Bodenbakterien — Kieselalgen — Grünalgen — Blaualgen — Amoeben – Beschalte Wurzelfüßler — Fadenwurm) Zeichnung des Verfassers

II.   DIE ERFINDUNGEN EINER KIESELALGE

Man ist also berechtigt, nach technischen Leistungen im Bereich der Natur zu suchen und es war eine lockende Aufgabe, in günstigen Fällen danach zu forschen, wie weit die Zweckmäßigkeit und das Sinnvolle bei solchen „biotechnischen", das heißt aus der Technik des Lebens hervorgegangenen Erfindungen reicht. Zu diesem Zweck wurden lange Untersuchungsreihen an Kieselalgen angestellt.

Was sind Kieselalgen?[5] Man hat von ihnen geschrieben, dass sie die wichtigsten aller Pflanzen seien, und in diesem Satz steckt Wahrheit, wenn man bedenkt, dass sie im Meer die Urnahrung für alle darin lebenden Tiere bilden, weil sie im Seewasser in geradezu astronomischen Mengen schweben; im fruchtbaren Boden aber sind sie nicht weniger zahlreich und wichtig, da sie nach neueren Untersuchungen wesentlich an den Stickstoffumsetzungen und damit wieder an der Ernährung der Wald-, Wiesen- und landwirtschaftlichen Pflanzen beteiligt sind.

Es sind also Lebewesen, die zu kennen jedermann alle Ursache hat, wenn sie auch im einzelnen winzig und unansehnlich sind. Die meisten von ihnen erreichen noch nicht die Größe eines Millimeters; sie

---

5   Kieselalgen = Bacillariaceae oder Diatomaceae, Klasse der Algen mit 2000 Arten, die marin, im Süßwasser und im Erdboden leben. Ihre Farbstoffträger sind an Assimilation bei vermindertem Licht angepasst. Vermehrung durch Zellteilung, mit gelegentlicher Sporenbildung.

haben Stab- oder Spindelform, sind in eine feste Hülle eingeschlossen, enthalten braunen Farbstoff und sind im Gegensatz zu den meisten anderen Gewächsen frei beweglich, weshalb man sie denn auch lange Zeit für Tiere gehalten hat. Die Erdkieselalgen, an denen die Untersuchungen, von denen hier die Rede sein soll, angestellt wurden, leben im Dunkeln, in der Humusschicht des Acker- oder Wiesenbodens bis zu einigen Dezimeter Tiefe, in den winzigen Spalten und Gängen, die gesetzmäßig zu jedem fruchtbaren Boden gehören und den größten Teil des Jahres über mit Wasser durchtränkt sind. Es ist die dem Regen zu verdankende Bodenfeuchtigkeit, aus der auch die Pflanzenwurzeln ihren Wasserbedarf decken, und dasselbe, was die Wurzel in dieser Bodenlösung sucht, das genießt auch die kleine Kieselalge, nämlich gelöste Salze und Stickstoffverbindungen, aus denen sie sich erhält. Sie beteiligt sich ganz tapfer an der Umsetzung dieser Stickstoff-Substanzen und ist darum der Freund des Landwirtes, wenn der auch heute noch in den meisten Fällen gar nichts von dem Dasein dieser kleinen Bundesgenossen weiß. Er merkt nur ihre Wirkungen und sagt: „Der Boden wird gar", hält im besten Fall das für eine chemische Wirkung, was in Wirklichkeit Folge von unterirdischen Lebenstätigkeiten ist.

Mit diesen Sätzen ist aber zugleich für uns die Lebenslage eines solchen Kleingeschöpfes ziemlich plastisch geworden. Es lebt also in unterirdischen wassererfüllten Kanälen, im Dunkel, in der Bodenlösung, ein einförmiges und gefährliches Dasein. Wenn man sich das vergegenwärtigt, begreift man sofort, warum diese Pflanzen beweglich sein müssen. Würden sie unbeweglich an einer Stelle verharren, dann wäre die sie umgebende Bodenlösung bald erschöpft. Andere verwandte Bodenpflanzen, auch die Wurzeln helfen sich damit, dass sie als Fäden wachsen und mit Nahrung reichlich erfüllte Stellen aufsuchen, die kleinen Kieselalgen bilden keine Fäden, aber sie kriechen als Ganzes ihrer Nahrung nach.

Das hat seine Gefahren, denn die winzigen Bodenspalten sind nicht eben und stürzen auch oft ein. Wir gehen über den Acker und zerquetschen mit jedem Tritt Tausende Kleinwesen in den unterirdischen Rissen, die sich unter unserem Gewicht schließen. In jedem Sommer und in den Wochen des Hochfrostes trocknet der Boden aus; auch das bedeutet Schließung und Einsturz der Spalten, in denen so viel Leben haust. Hätten die Kieselalgen nicht eine Erfindung gegen das Zerdrücktwerden gemacht, sie wären bei dieser Ungunst der Verhältnisse schon längst samt und sonders zugrunde gegangen.

Nun sind Kieselalgen nicht nur die häufigsten, sondern auch so ziemlich die ältesten aller Pflanzen. Wenn man Ruhrkohle, die eine der ältesten Steinkohlen ist, schlämmt und den Rückstand unter dem Mikroskop untersucht, findet man darin die Schalen und Reste fast der gleichen Kieselalgenarten, wie sie noch jetzt Sumpferde bevölkern. Denn aus einer Moorerde ist ja die Steinkohle herausgewachsen.

Womit bewiesen ist, dass die Kieselalgen die Erde seit der Steinkohlenzeit bevölkern. Aber auch, dass ihre Erfindung gegen das Zerdrücktwerden sich so bewährt hat, dass seit diesen Millionen Jahren und noch viel zahlreicheren Tagen der Erprobung die Schalen der Kieselalgen allen Fährnissen standhielten.

Hier ist somit nicht nur wieder einmal eine biotechnische Erfindung, sondern eine ganz hervorragende technische Leistung gegeben, der wir Menschen, wenigstens was die Zeit ihrer Bewährung betrifft, nichts an die Seite stellen können. Denn alle unsere Erfindungen sind kaum hundert Jahre alt, und auch die elementarsten, in die Urzeit der Menschheit hinaufreichenden, wie etwa das Rad oder die Anwendung der Säulen zum Stützen einer Decke, immerhin nur ebenso viele Jahrtausende alt wie jene Jahrmillionen.

Ich glaube, man hat im Verlauf dieser Ausführungen verstehen gelernt, dass es sich hier im Rahmen eines winzigen Pflanzenlebens um Dinge von weltumwandelnder Bedeutung handelt. Die „Erfindung" der Kieselalgen heißt: Wie baut man sich ein absolut stabiles Haus. Und sie hat eine prinzipielle Bedeutung von allergrößter Tragweite. Da war es schon zunächst der Begriff des „Hauses" überhaupt, der eine Erfindung darstellt. Die Tatsache, dass sich eine auf Feuchtigkeit angewiesene Pflanze in ein verschlossenes Gehäuse einschließt, um vor dem Vertrocknen gesichert zu sein, muss uns mit Bewunderung erfüllen.

Der Zweite ist der Baustoff des Gehäuses. Er ist kristalline Kieselsäure (daher der Name Kieselalgen), also Kristallglas, einer der härtesten aller bekannten Stoffe. Die Alge scheidet zunächst aus ihrem Körper eine feine Hülle von der endgültigen Form aus und lagert nun aus der Bodenlösung, die ja reich an gelöster Kieselsäure ist, in kristalliner Form das Silizium ab, sie „versteinert" also sozusagen ihre Hülle, Kristallglas ist nicht nur kaum zerbrechlich, sondern auch völlig unverweslich. Eine einmal gebildete Kieselalgenschale bleibt bestehen bis ans Ende der Erde, Dies die Ursache, warum man die in der Steinkohlenzeit und noch früher gebildeten Kieselschalen heute noch erkennen kann, ferner auch, warum sich Anhäufungen fossiler Pflanzen dieser Art in solchen Mengen finden, dass sie als „Kieselgur" oder „Infusorienerde" sogar industrieller Verwendung zugeführt werden. Das Wunderbarste aber ist die Art dieser Glasbauten, Sie müssen von größter Stabilität sein und dennoch leicht, denn sonst könnte die Kleinpflanze nicht mitsamt dem Haus umherkriechen. Wie baut man stabil und dennoch leicht?

Auch den menschlichen Baumeistern war und ist immer noch die gleiche Aufgabe gestellt und sie haben sie schon vor vielen Jahrhunderten einwandfrei gelöst. Wenn sie zum Beispiel an den gotischen Domen, deren Grundmauern ein ungewöhnlich schweres Dach zu tragen" hatten, aber doch nicht ins Ungemessene verdickt werden konnten, aus der Wand ganze Teile, sogenannte Füllungen, herausnahmen und nur eine Reihe Tragpfeiler von größerer Stärke übrig ließen, weil sie bemerkt hatten, dass dann die Mauer trotzdem die Tragfähigkeit behielt, als ob sie ganz massiv wäre. Genau das gleiche praktische Mittel wendet nun — und das muss uns mit größtem Staunen erfüllen — auch die Kieselalge an. Auch sie nimmt aus ihrer Glaswand Füllungen heraus, lässt nur Wandpfeiler übrig, die durch hauchzarte Fenster verbunden sind, und erreicht dadurch das, was ihr Dasein so gebieterisch von ihr fordert. Menschliche und „pflanzliche" Erfindungskraft haben in diesem Fall das gleiche Mittel hervorgebracht.

In vielhundertfacher verschiedener Abwandlung sieht man dieses Bauprinzip an den Kleinpflanzen angewendet, in reiner Ausprägung aber nur an jenen, die in der Erde leben oder von Erdbewohnern abstammen, wie zum Beispiel die Schlammformen des Süßwassers. Die zeitlebens im Meer freischwebenden Arten der Kieselalgen kennen dieses Bauprinzip nicht, es würde ihnen auch nicht nützen. Diese Tatsache verweist das Denken, das sich bis jetzt vergeblich um ein Verständnis für die „Erfindungsgabe" von Pflanzen abmüht, zwangsläufig darauf, dass ein Zusammenhang zwischen Bedürfnislage und Hervorbringung geeigneter technischer Mittel bestehen muss. Das ist aber auch so ziemlich alles, was sich zur Erklärung dieser wunderbaren Tatsachen sagen lässt, Sie stehen jederzeit nachprüfbar vor

22

DIE ERFINDUNGEN EINER KIESELALGE

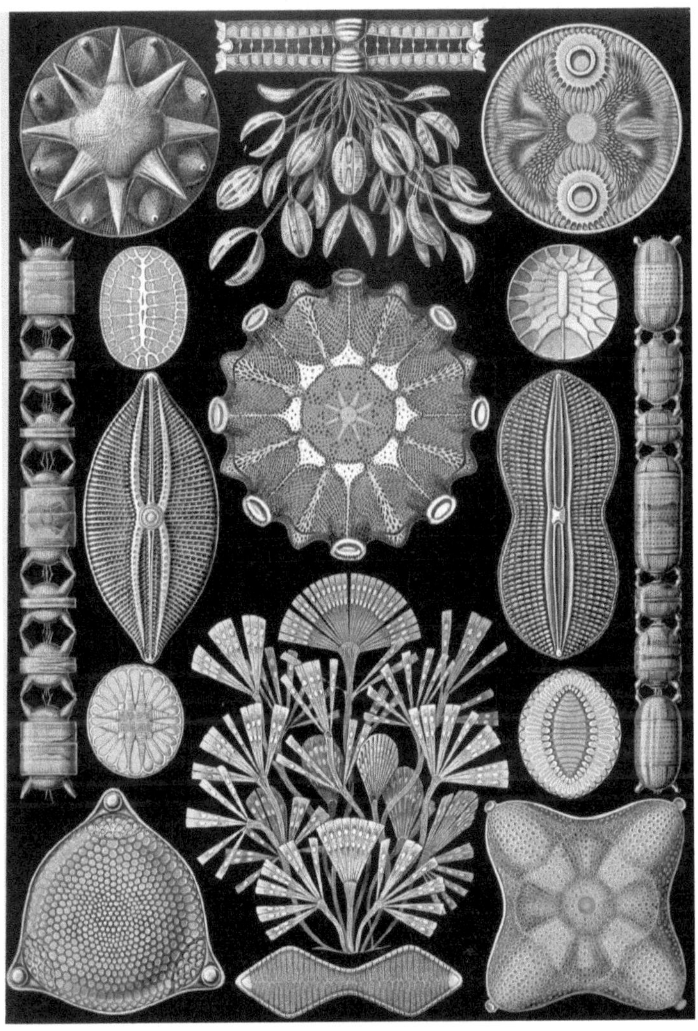

Haeckel, Kunstformen der Natur. Kieselalgen Kristallglasschalen mit herausgenommenen Füllungen dienen diesen Kleinpflanzen als Schutzgehäuse

Augen, an ihnen selbst zweifeln lässt sich nicht, sie sind Naturwirklichkeiten. Aber in dieser Wirklichkeit steckt auch sozusagen das ganze Wunder des Lebens, freilich nicht mehr und nicht weniger als in jeder anderen Tatsache von Natur und Leben auch.

III. WAS EIN GETREIDEHALM ZUR FRAGE DES RICHTIGEN LEBENS ZU SAGEN HAT

Die Tatsache, dass der Innenbau der Pflanzen und Tiere nach den Gesetzen geordnet ist, die auch unsere Baumeister und Techniker errechnet haben und anwenden, ist allmählich so bekannt geworden, dass sie heute zum Schulunterricht der heranwachsenden Generation gehört. Schon lange war es auffällig, dass die Kugel- und Scharniergelenke mechanischer Instrumente dieselbe Form und Einrichtung, auch Wirkungsweise haben, wie die Gelenke unserer eigenen Glieder. Bereits vor einigen Menschenaltern machte man darauf aufmerksam, dass die Linse unseres Auges „optisch" das gleiche Instrument sei, wie die Linse des Optikers, ja dass das ganze Auge, rein technisch betrachtet, nichts anderes sei, denn eine fotografische Kamera, wobei Linse, Irisblende, die Kamera und selbst die Netzhaut (als lichtempfindlicher Sensor) auf das Erstaunlichste einander entsprechend im menschlichen Körper vorgebildet sind.

Sind diese Tatsachen nun aber auch im großen ganzen bekannt, so ist denn doch im einzelnen die Sachlage so, dass, je tiefer man in den Gegenstand eindringt, desto mehr erstaunliche und geradezu unverständliche Tatsachen ans Licht kommen. Es hat sich da sogar herausgestellt, dass die „Biotechnik" (wie man die „Anwendung technischer Prinzipien im

Lebensgeschehen" genannt hat) der Pflanzen nicht nur jeder Technik der Menschen voranging, sondern auch an Leistungsfähigkeit ihr weit überlegen ist. Als Beweis für diesen kühnen Satz diene uns ein Getreidehalm.

Wer kennt ihn nicht, und sei es nur von der Zeit der kindlichen Spiele her, aber wer, außer den ihn berufsmäßig Studierenden, kann sagen, dass er ihn wirklich genau kennt?

Trotzdem so ein Getreidehalm geradezu Auffälliges und Unerhörtes leistet. Zart und schlank ist dieses Ding wie eben nur ein Grashalm, der er ja auch ist. Zunächst grün und saftig, in Knoten gegliedert, im besten Fall fast bis zu zwei Meter hoch (allerdings bei den Bambusgräsern, die ja auch Gräser sind, sogar bis fünfundsechzig Meter Höhe), gegen die Spitze zu sich etwas verjüngend und trotzdem befähigt, an ihr eine Ähre von vielen Körnern zu tragen, ohne dass er bricht. Sie schaukelt im Wind, ja, der Wind beugt den grünen Halm ohne Weiteres zu Boden, ohne dass er einknickt; elegant und elastisch richtet er sich wieder auf. Und hat einmal der Regensturm oder ein Hagelschauer mit brutalem Gewicht das Getreide wirklich zu Boden gelegt, so ereignet sich ein ganz besonderes Pflanzenwunder. In den Knoten der Halme setzt ein derart gerichtetes Wachstum ein, dass dadurch der Halm neuerdings senkrecht aufsteht.

An der außerordentlichen technischen Leistungsfähigkeit des Getreidehalmes ist somit nicht zu zweifeln. Er besitzt in hohem Grade Stabilität und Elastizität. Welchen Bauprinzipien verdankt er das? Das Material, aus dem er errichtet ist, scheint nicht gerade das Beste zu sein: Es ist Stroh. Unsere Eisenhochbauten, die Krane, Funktürme, Aussichtstürme, der Eiffelturm zu Paris, mit denen allein man ihn vergleichen kann, sind gewiss aus haltbarerem (wenn auch weniger elastischem) Material erbaut. Dringt man in seinen Innenbau ein, offenbart sich eine zunächst ganz verwirrende Tatsache: Im Wesen sind bei beiden die Bauprinzipien die gleichen!

Als man um 1889 den Eiffelturm errichtete, war man über die Prinzipien des Trajektorienbaues, wie man diese luftige Bauart aus Eisenschienen damals benannte, noch nicht so völlig im reinen und gab daher dem dreihundert Meter hohen Bauwerk eine eigentlich enorme Basis, gestaltete es überhaupt viel massiger, als dies heute nötig ist. Vergleicht man den Funkturm irgendeines beliebigen größeren Radiosenders mit dem Eiffelturm, wird man den technischen Fortschritt in diesen Jahren auf einen Blick erfassen. Schlank vom Boden bis zur Spitze, wirklich wie ein Getreidehalm aus Eisen, schießen diese Bauwerke auf und ihre Verspreizungen sind so dünn, dass man sich wundert, wie sie, die im Winde immer etwas pendeln, doch allen Beanspruchungen gewachsen sein können. Meines Wissens hat es sich erst einmal ereignet, dass ein solcher Funkturm — es war der Nauener — im Sturm zusammenbrach.

Trotz dieser technischen Wunderleistung ist aber der Getreidehalm der Menschentechnik unendlich überlegen. Auch er ist nach dem Prinzip gewachsen, dass nur die Punkte größten Drucks und Zugs solid verspreizt sind. Im Innern ist er überhaupt hohl und die übrigen Stellen der Wandung sind nur mit ganz lockerem Gewebe verkleidet. In der Sprache der Technik ist er als ein kreisförmig angeordnetes System von I-Trägern zu bezeichnen. Die Pflanze muss doch hier den gleichen mechanischen Anforderungen entsprechen, wie sie an einen eisernen Turm oder auch an eine Eisenbrücke herantreten. Vor allem wird die Basis auf Druckfestigkeit durch das Gewicht des Oberbaues in Anspruch genommen. Alle waagrecht ausgespannten Teile, auf denen Lasten ruhen, müssen der ihnen drohenden Einknickung durch Biegungsfestigkeit begegnen. Außerdem muss für Zug- und Schubfestigkeit gesorgt sein und kein Halm, kein Blütenschaft, kein Baumstamm könnte auch nur eine Minute bestehen, wenn diese Widerstandskräfte nicht in seine Konstruktion gelegt wären. Tatsächlich sind, wie zuerst der deutsche Botaniker S. Schwendener errechnet hat, überall Trägersysteme, das Prinzip des Häuserfachwerkes in den Binsenstängeln, das der Gitterbrücken in den Blättern, hohle Röhren anstelle von massiven Säulen, angewendet und das Studium der Festigungseinrichtungen der Pflanzen sozusagen ein

Kursus der höheren Statik an der Hochschule der Natur.[6]

Nur hat sich hierbei etwas Neues und Unerwartetes herausgestellt. Ein Roggenhalm, der eine Meisterkonstruktion der bauenden Naturkräfte ist, hat bei durchschnittlich 1500 mm Höhe an der Basis einen Durchmesser von 3 mm. Um so schlank zu erscheinen, müssten unsere Funktürme noch 20 bis 30 mal höher sein, als sie sind. Der Kölner Dom, der viel massiger gebaut ist, dürfte dann an seiner Basis nur einen Drittelmeter im Durchmesser haben. Die höchsten Funktürme sind etwa 350 m hoch. Im Vergleich zum Getreidehalm müssten sie mehrere Kilometer hoch sein, was allerdings technisch nicht machbar ist.

Man bedenke aber nun, dass an der Spitze dieses 30 mal höheren Kölner Domes eine im Verhältnis ungeheuer schwere Ähre pendelt; man denke an die Gewalt der Stürme, die schwere Palmenkronen zur Erde biegt, ohne dass der Stamm bricht. Daraus kann man dann den Grad von Biegungs- und Zugfestigkeit ermessen, der von der Pflanzentechnik erreicht wurde, um unter solchen Umständen bestehen zu können.

Das ist das Neue und gewissermaßen Beunruhigende, Trotz Anwendung der gleichen Prinzipien haben wir die Biotechnik der Pflanze noch nicht erreicht, Biotechnik ist uns überhaupt noch über-

---

6   Vgl. S. Schwendener, Das mechanische Prinzip im anatomischen Bau der Monokotylen, Leipzig 1874. 8°.

legen, immer noch, wenigstens in gewissen Beziehungen ein unerreichtes Vorbild. Es ist also ihr Studium nicht bloß eine bemerkenswerte Parallele für den Techniker, sondern weit mehr als das: Eine Notwendigkeit.

Biotechnik kann uns fördern, unsere eigene Leistungsfähigkeit erhöhen. Das Studium der Natur, nach solchen Gesichtspunkten betrieben, kann zu neuen Erfindungen und technischen Leistungen führen, und darum muss die Forderung erhoben werden, dass das technische Studium auf den Hochschulen durch ein neues Unterrichtsfach, nämlich das der Biotechnik ergänzt werde. Sie hat heute bereits großen Aufschwung genommen. Es gibt eine ganze Anzahl Verbesserungen an Flugzeugen, Luftschiffen, Automobilen, die aufgrund biotechnischer Erfahrungen geschaffen wurden, die Spinndüse in der Kunstseidenfabrikation, das „Fischschiff" des Ingenieurs Börner, Verfahren zur Beseitigung von Kesselstein, Herstellungsverfahren für Humusdünger, eine ganze Anzahl Patente, Verbesserungen, Fabriken, technische Neuerungen sind seit der Begründung der biotechnischen Denkweise in die Praxis der Menschheit gelangt, es hat sich also ihr praktischer Wert längst erwiesen. Hierauf stützt sich die in immer weiteren Kreisen mit Nachdruck erhobene Forderung, dass eine so wichtige — wenn auch so naheliegende — Entdeckung: Natur als technische Lehrmeisterin zu studieren, nicht mehr den Gelegenheitsmitteln einzelner anheimgestellt

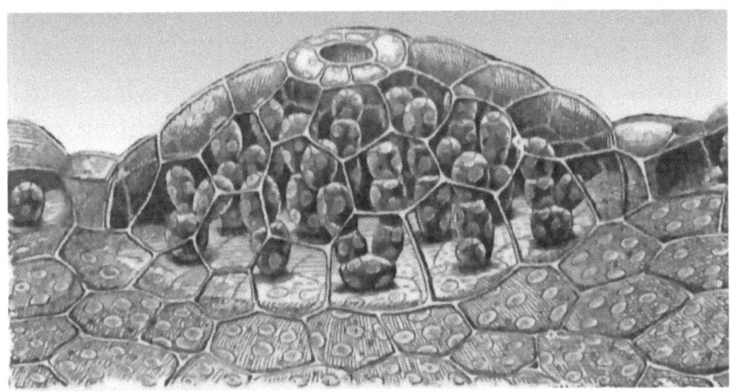

Biotechnische Einrichtungen der Pflanze: Der Arbeitsraum im Lager eines Lebermooses. Unter einem durchsichtigen Kuppeldach mit Ventilationseinrichtungen arbeiten die rationell aufgestellten Blattgrünapparate. Man vergleiche die entsprechenden Einrichtungen einer Fabrik. Entworfen vom Verlasser.

Eine Anwendung der Biotechnik: Bodenfräse, die nach Art grabender Insektenbeine arbeitet.

bleibe, sondern in den Kreis der staatlich geförderten
Lehrgegenstände aufgenommen werde und eigene
Institute und Versuchsanstalten erhalte. Man wird
nicht ruhen, bis diese Forderung verwirklicht ist und
es wäre verhängnisvoll für Deutschland, wo die Biotechnik entstand, wenn es sich von anderen Ländern
überflügeln ließe, wofür bereits Anzeichen vorliegen.

IV.   DAS GESETZ DER BESTEN FUNKTIONSFORM

Die Biotechnik kann auch von einer anderen Seite angesehen werden:

Es hat vor wenigen Menschenaltern in der Wissenschaft einst das allergrößte Aufsehen erregt, als sich durch die Bemühungen des als Begründer der Grafostatik in die Technik so hochgeschätzten Ingenieurs Carl Culmann herausstellte, dass die menschlichen Knochen nach Art der Eisenhochbauten errichtet sind, weil auch sie mit Verspreizungen arbeiten, die ihnen erlauben, eine außerordentliche Festigkeit mit Leichtigkeit und Materialersparnis zu verbinden.

Es war namentlich der menschliche Oberschenkelknochen, an dem sich diese Tatsachen in überzeugender Weise darstellen ließen, wenn auch das Gesetz natürlich auch für alle tierischen Röhrenknochen gilt.

Warum müssen überhaupt unsere Knochen fest und dennoch zugleich leicht an Gewicht sein? Weil sie die festen Widerlager aller Muskelbewegungen bilden. Diese erste Antwort ist naheliegend, nicht aber die auf den zweiten Teil der Frage. Denn man vergisst nur zu leicht darauf, welch ungeheures Gewicht wir an sich schon durch unser Gerippe im Körper umherschleppen; wären die Knochen nicht hohl, dann würde sich das dermaßen steigern, dass wir in der Beweglichkeit schwer beeinträchtigt, wenn nicht gar überhaupt behindert, wären. Erreicht wird diese Festigkeit zunächst durch die Einlagerung von phosphorsaurem Kalk in den Wandungen. Der ist kein ideales technisches Material, denn er ist spröd und bricht leicht, wie namentlich die häufigen Knochenbrüche in vorgerücktem Alter bezeugen. Aber der Körper hat kein anderes zur Verfügung und so baut er eben damit. Das zweite Mittel zur Erreichung der nötigen Stabilität bei geringstem Materialaufwand ist die Anwendung des Röhrenprinzips. So wie der Getreidehalm sind auch die großen Knochen unseres Leibes hohl, beides aus gleichem Grund. Der Technik ist es längst bekannt, dass eine Röhre der Einknickung und dem Zerdrücktwerden viel besser widersteht als eine massive Säule.

Bekanntlich sind nun aber die Röhrenknochen nur in ihrem Schaftteil hohl, an den beiden, etwas aufgetriebenen „Knochenköpfen" sind sie von einem schwammigen, überaus leichten Gerüst feiner Knochenbälkchen erfüllt und deren technisch schlechthin vollendete Meisteranordnung ist das Vorbild und Gegenstück der Eisenhochbauten. Die Linien des größten Drucks und Zugs sind durch sie gekennzeichnet, so wie in einem Kran oder Funkturm, alles übrige Material ist herausgenommen.

Culmann war eben der erste Techniker, der, als man ihm im Jahre 1867 Knochenpräparate zeigte, festgestellt hat, dass diese feinen Bälkchen im Schwammgewebe der Knochenköpfe nicht regellos stehen,

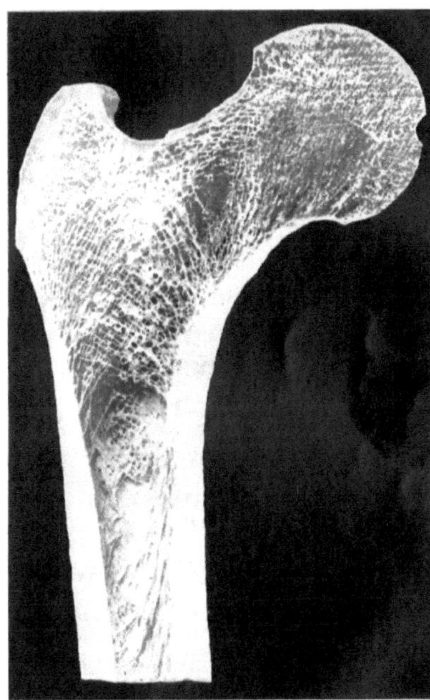

Die Trajektoriensysteme eines Röhrenknochens. Längsschnitt durch einen menschlichen Oberschenkelknochen.

sondern so genau den Regeln der Statik angepasst sind, dass auch der geschickteste Hochbauingenieur ein Gerüst, das großem Zug und Druck gewachsen sein muss, nicht besser konstruieren könnte. Wenn man den Längsschnitt durch einen menschlichen Oberschenkelknochen mit den Kraftlinien eines gleich geformten Hebekranes vergleicht, so findet man die völlige Übereinstimmung der Lage der Bälkchen mit den Linien und deren Kreuzungswinkeln. Wie H. Meyer schon 1868 zeigte, bilden die Knochenbälkchen Trajektoriensysteme, deren Bögen nach dem Prinzip des Brückenbaues stets senkrecht zur größten Beanspruchung die größte Stärke aufweisen. Dadurch wird bei einem Minimum von Material noch größere Festigkeit erreicht, als wenn statt der Struktur des Knochens eine solide feste Masse vorliegen würde. Diese Übereinstimmung zwischen Technik und Biologie hat denn natürlich nicht verfehlt, das allergrößte

Aufsehen zu erregen und hat vor allem in der biologischen Wissenschaft einen wahren Sturm von Experimenten nach sich gezogen, deren Ergebnisse die Sensation nur noch steigerten. Vor allem, seitdem der Basler Anatom J, Wolff und der Deutsche W, Roux[7] übereinstimmend feststellten, dass bei schief geheilten Knochenbrüchen, bei denen die Bruchstücke unter veränderte mechanische Verhältnisse kamen, sich andere Strukturen ausbildeten. Die genannten Forscher ergänzten diese Untersuchungen durch systematische Experimente an Menschen und Tieren und konnten so nach allen Richtungen hin einen neuen Satz erhärten, der lautete: Die Art funktioneller Inanspruchnahme ist die Ursache bestimmter Gestaltungen, welche diese Funktion am besten befriedigen. Wenn ein gebrochener Knochen schlecht heilt, sodass Deformationen eintreten, dann lagern sich die Knochenbälkchen genau so, wie es die Gesetze der Statik im gegebenen neuen Fall erfordern. Die Erneuerung des Knochens geschieht also in der zweckmäßigsten Weise: Nicht die Form wird wieder hergestellt, sondern die bestmöglichste Funktion!

Allen diesen Einsichten wurde aber die Krone aufgesetzt, als sich bei den Rouxschen Experimenten folgende Tatsachen zeigten. Wenn man einen aus

---

7   Vgl. W. R o u x in Ges. Abhandlungen a. d. Archiv für Entwicklungsmechanik. Leipzig, 8°. Die wichtigste Literatur zur Biotechnik findet der Leser in: R. France, Die technischen Leistungen der Pflanzen. Berlin. — R. France, Die Pflanze als Erfinder. Stuttgart. 21. Aufl. — G. Lilienthal, Biotechnik des Fliegens. Leipzig. — Th. Zell, Werkzeuge in der Tierwelt. Leipzig.

Paraffin und dunklem Hartgummi angefertigten künstlichen Knochen längere Zeit so funktionieren lässt, wie sein natürliches Vorbild im Körper, dann stellen sich auch in diesem Gebilde strukturelle Umlagerungen ein. Sie können sichtbar gemacht werden, indem man vorher in die dunkle Masse helle Asbestfäden regellos einstreut. Nach entsprechender Funktion ändern diese Fäden ihre Lage; die Massen lagern sich so, dass auch in diesem Fall Trajektorienstrukturen auftreten. Womit bewiesen war, dass das Gesetz der funktionellen Gestaltung allgemein über das Biologische hinausgehende Geltung hat.

Jede Funktion verläuft weltgesetzlich nach den Linien des geringsten Widerstandes. Und da infolgedessen alle Funktionsformen, in weiterem Sinne alle Naturformen, sozusagen die Restgestaltung nach Überwindung des Widerstandes sind, also der Funktion nur mehr ein Minimum an Widerstand entgegensetzen, ist dadurch das Prinzip der Sparsamkeit durch beste Leistung zum Weltprinzip erhoben.

Zweckmäßigkeit hat sich dadurch als Zwecktätigkeit erwiesen und man lernte durch dieses eine Beispiel schon verstehen, warum alles Lebensgeschehen, mehr als das, warum das gesamte Weltgeschehen zweckmäßig verläuft.

Ohne Weiteres ist seitdem begreiflich, warum die Technik lebende Strukturen wiederholt. Es wäre doch in dem einen wie in dem anderen Fall keine Sicherheit gewährleistet, allgemein gesprochen, es wäre nicht die bestmögliche Funktion gesichert, wenn nicht die entsprechende Funktionsform hergestellt wäre. Eine solche gibt es aber nur einmalig. Es ist dieselbe, ob nun die Spannungslinien den Bau eines Knochens oder eines Eisenhochbaues bestimmen. Das scheinbare Wunder hat auf diese Weise eine sehr natürliche Erklärung gefunden. Oder richtiger gesagt: beide Wunderleistungen, die der menschlichen Technik und die des lebendigen Geschehens, gehen auf ein und dieselbe Grundlage, nämlich auf die im Funktionsgesetz gegebene Weltstruktur zurück. Die freilich ist gegeben und von der Erfahrungswissenschaft aus nicht weiter zerlegbar und erklärlich.

Die Tatsache, dass jede Funktion gesetzmäßig ihre optimale Funktionsform hat und sich so lange nicht haltbar und richtig vollzieht, bis sie nicht hergestellt oder gefunden ist, das gehört zum Wesen unserer Welt. Alle Türme brechen ein, alle Knochen sind unbrauchbar und nicht richtig tragfähig, bis nicht die richtige Trajektorienanordnung in ihnen verwirklicht ist. Was steht und lebt, kann also nur der richtige Restfall sein, darum ist die „Wirklichkeit" der Welt zugleich sinnvoll und zweckmäßig, alles „Andere" ist das Unrichtige und Unzweckmäßige.

Mit dieser Lehre entließ uns das merkwürdige Studium unserer Knochen; sie ist eine der wichtigsten und weittragendsten Erkenntnisse, welche die Naturforschung jemals der Menschheit geschenkt hat.

V.   STEINE ALS ERFINDER

Die Erforschung der Natur hat uns seit einem Jahrhundert daran gewöhnt, auch das Ungewohnteste als Tatsache hinzunehmen, wir haben uns damit befreunden müssen, dass in Kinoprojektoren eingebaute Bogenlampen scheinbar sprechen, dass man Bildübertragungen auch als Tongebilde wahrnimmt und drahtlos gefunkte Symphonien als dekorative Lichtbilder auffängt, aber der Begriff „erfinderischer Steine" scheint denn doch etwas zu sein, was stärksten Zweifel wachruft.

Natürlich ist er denn auch nicht so aufzufassen, als ob irgendwo Felsen aktiv geworden wären. Das aber stimmt schon, dass allenthalben auf Erden auch im Unbelebten sich neuerdings sinnvoller Zusammenhang herausgestellt hat. Es haben sich Gebilde gezeigt, die, als man sie nachahmte, Erfindungswert, das heißt die Bedeutung technisch nutzbarer Einrichtungen besaßen und doch nur aus dem Walten mechanischer Gesetze zustande kamen.

Eines der merkwürdigsten Gebilde findet man überall im Gebiet der Alpen, dort, wo die über sie hinweggegangene Eiszeit ihre Spuren an Berg und Tal hinterlassen hat. Im eiszeitlichen Alpenteil haben unter der Wucht der einstigen Gletscherlasten und dem Einfluss der ihrem Schmelzen nachfolgenden Überschwemmungsperiode überall die Landschaften ihr ursprüngliches Bild geändert. Die Haupttäler sind erheblich tiefer geworden, ihre Flanken sind steiler eingegraben, die hohen Gipfel sind weit schärfer herausmodelliert, viele der niedrigeren sind in Rundlinge verwandelt, das gesamte Landschaftsbild ist durch eine Fülle romantischer Züge bereichert worden. Unter ihnen sind wohl das Schönste die tiefen Schluchtbildungen, die überall dort zustande gekommen sind, wo hoch gelegene Seitentäler an die übertieften Haupttäler ansetzen. Die in ihnen herabbrausenden Bäche sind dann genötigt gewesen, die oft über hundert Meter betragenden Höhenunterschiede zwischen Seiten- und Haupttal in einem Sprung, also in einem prächtigen Wasserfall oder in einer Kette rauschender Kaskaden zu überwinden, Sie raspeln hierbei mit dem mitgeführten Geröll den Felsenuntergrund auf und sägen sich eine tiefe Klamm ein, die dann zu den großen Schaustücken alpiner Schönheit gehört.

In solchen Klammen gibt es nun „Erfindungen", welche die unbelebte Natur hervorgebracht hat. Denn fast überall sieht man in ihnen Strudellöcher, halbmondförmige oder auch kreisförmige Kessel, in denen das Wasser immer noch schäumt. Oder, wenn die Klamm trocken geworden ist und die Fluten zerronnen sind, sind es tiefe Löcher, „Gletschertöpfe" und „Strudellöcher", in denen häufig noch der eine oder andere kugelrund zurechtgeschliffene Rollstein übrig geblieben ist, der das Werk des Ausmodelns besorgt hat. Ein berühmtes derartiges Schaustück ist der „Gletschergarten von Luzern", aber auch die großen Tiroler und Salzburger Klammen zeigen Ähnliches allerorten.

Wo steckt da die Erfindung, wird man sagen? Brutale mechanische Kraft hat sinnlos an solchem Ort gewütet. Die treibende Kraft des zu Tal fließenden Wassers hat Steine im Kreise gedreht, die dann nach den mechanischen Gesetzen entlang der Bahn ihrer Bewegung Hohlräume ausgeschliffen haben. Wenn man aber sieht, wie die Älpler, als die scharfen Naturbeobachter, die sie sind, diesen Vorgang zu einer Technik nachgeahmt haben, dann erkennt man schon, dass hier doch eine Erfindung vorliegt. Man erzeugt nämlich in rasch bergab schießenden Bächen Marmorkugeln, indem man künstlich Strudellöcher schafft, eckige Marmorbrocken hineinwirft und es nun dem Funktionsgesetz der Drehung überlässt, aus ihnen polierte tadellose Marmorkugeln zu schaffen, die als Spielkugeln einst weithin verfrachtet wurden. Noch bestehen solche Kugelmühlen bei Salzburg oder bei der Almbachklamm in Berchtesgaden und viele Tausend Sommergäste bestaunen sie alljährlich und denken nicht daran, dass sie hier vor einem Wunder der Welt stehen, in dem „Steine als Erfinder" zu ihnen sprechen.

So wie das Sandstrahlgebläse eine Erfindung, noch dazu eine von hohem technischen Wert ist, die der Mensch in der toten Natur vorgebildet fand. Nämlich in den Wüsten, wo der Sandsturm mit den Körnern an Felsenecken und ganzen Bergen als richtiges Sandstrahlgebläse so lange bosselt, bis er da Scharten, Hohlkehlen, runde Löcher, dort richtige Dreikanter zurechtgeschliffen hat. Wer jemals um die großen Pyramiden Ägyptens wanderte, hat dort reichlich an den Felswänden solche wunderbare Windskulpturen gesehen und den Geografen ist schon längst der Begriff der Dreikanterberge als Windschliffformen geläufig, deren berühmteste Beispiele der Watzmann in den Ostalpen und vor allem das Matterhorn an der Dreiländergrenze ist.

Jedes Tal ist in diesem Sinne eine „Erfindung der Natur" oder wissenschaftlich gesprochen ein Werk des Funktionsgesetzes, das diese Erfindungen schafft: Nämlich Funktionsformen, welche den Ablauf des betreffenden Geschehens am reibungslosesten sichern. Das Fließen des Wassers bewirkt automatisch, dass dem Abfluss soviel als möglich die Hindernisse aus dem Weg geräumt werden, dass sich also die Strömungsfunktion optimalisiere. Darin besteht das Wesen des Funktionsgesetzes. Als seine Wirkung kommt die Talform zustande, nämlich das Flussbett, für das die nachstürzenden Talränder nur Folgeerscheinung sind.

Alle Täler der Erde und damit fast das gesamte Bodenrelief sind solche technische Leistungen, die der Mensch wieder in zahlreichen Erfindungen nachgeahmt hat. Denn nach ihrem Muster schuf er sich geneigte Abflussrinnen, Schüttelrutschen in Bergwerken, eigentlich auch die Wasserleitungsröhre, die letzten Endes nichts als eine geschlossene Abflussrinne ist. In einer ganz genialen Weise hat zum Beispiel wieder das einfache Volk der Älpler den Erfindungswert dieser Naturerscheinung erfasst und in einer eigentümlichen Vorrichtung nachgeahmt. Namentlich in den Ostalpen, in Steiermark und Österreich sieht man im Gebirge sogenannte Holzriesen, auf denen zur Zeit des Holztriftens von hoch gelegenen

Berghängen ungeheure gefällte Stämme mit Schnellzugseile zu Tal sausen. Man bringt diese Riesen überall dort an, wo, wie in den Kalkgebirgen, kein zu Tal fließender Bach normales Triften erlauben würde. Sie sind dem Wesen nach nichts anderes denn aus Holz gefertigte künstliche „Flussbetten"; man verwendet ganz sinngemäß die Funktionsform des Fließens, um die gefällten Stämme zu Tale strömen zu lassen.

Die an vielen Orten der Alpen und anderer Hochgebirge bestaunte Erscheinung der Erdpyramiden, die geradezu klassisch am Ritten bei Bozen ausgebildet ist, erweist sich im Licht des Funktionsgesetzes gleichfalls als „technische Form". Es ist in den Erdpyramiden das Urbild aller Säulen gegeben, denn jede von ihnen trägt einen Stein und ist durch diese Stützfunktion entstanden. Ursprünglich bestand an dem Ort, wo heute Erdpyramiden übrig geblieben sind, ein Hügel aus Lehm, in dem regellos kleinere und größere Felsbrocken eingelagert waren. Im Moränengebiet der Alpenländer ist das oft genug gegeben. Die Regen und Gewitter haben nun diesen weichen Hang zerfurcht und den Lehm überall abgewaschen und weggeschleppt, außer an den Stellen, wo ein größerer Stein ihn schützte. Der wuchs nun allmählich an einem übrig bleibenden Stiel aus seiner Umgebung heraus. Der Lehmstiel trug als Deckel den Stein, er wurde zur tragenden Säule, der ganze Hang allmählich zum Säulenwald.

Es ist nun natürlich von ungemeinem Reiz, durch die Natur zu wandern auf der Suche nach „Erfindungsvorbildern", und nach so vielen hier gegebenen Beispielen will ich meinen Lesern das Vergnügen an eigener Entdeckerarbeit nicht rauben. Sie werden bald finden, dass jede Gestaltung sich nach dem Funktionsgesetz vollzieht und unsere Welt vollständig in diesem Sinn durchgeprägt ist. Das reicht vom Kleinsten bis ins Größte und entfaltet namentlich im Kosmischen überwältigend lehrreiche Bilder.

Die Erde als Ganzes ist in diesem Sinn eine Erfindung, nämlich die, dass etwas, das sich dreht, den geringsten Widerstand dann findet, wenn es die Gestalt einer Kugel hat. Die Kugelgestalt der Erde ist eine Funktionsform und mit ihr die aller ihrer Trabanten und Genossen. Man kann den umgekehrten Schluss wagen und aus der Kugelform der Sonne, fremder Sonnen und Himmelsgebilde darauf schließen, dass sie drehende Bewegungen ausgeführt haben oder noch ausführen. Man kann sogar aus den feinsten Einzelheiten heraus Schluss und Rückschluss wagen. Unsere Erde ist nämlich, rein geometrisch genommen, keine Kugel, sondern ein Rotationsellipsoid. Das heißt, sie ist leicht eiförmig. Sie dreht sich nämlich nicht wahllos bald nach dieser oder jener Achse, sondern immer nur nach einer und ist demgemäß abgeplattet. Die Abplattung beträgt 1/129, die halbe Äquatorialachse beträgt 6.378.153 m, die halbe Polarachse dagegen nur 6.356.832 Meter, sie ist also um 21.321 Meter kürzer. Diese Form entspricht genau der Funktion.

Man konnte daher nun mit voller Sicherheit und aus der Tatsache, dass es droben in dem Himmelsraum unregelmäßig gestaltete, oder wie man das nennt: Ungeformte und spiralige kosmische Nebel (siehe S. 6) gibt, darauf schließen, dass die einen ruhen, die anderen aber in drehender Bewegung begriffen sind, denn man hatte endlich nach so viel Erfahrungen eingesehen, dass jede Form ein Ausdruck des Geschehens ist. Das gilt vom irdisch Kleinsten bis ins kosmisch Größte, es ist ein Universal-, also ein Weltgesetz, bezieht sich auf die Lebensformen ebenso gut wie auf die Unbelebten, ja es reicht auch vom rein Natürlichen in das Geistige, denn es gilt ebenso gut für Organisationen, Gedankengebilde, künstlerische Werke, jede menschliche Leistung. Auch in ihnen hängen gesetzmäßig Form und Funktion zusammen, eine Bewegung drückt sich auch hier in anderen Formen aus als ein Ruhendes, wobei man nicht bloß an Politik denken möge, sondern sich das ebenso gut an den Beispielen der Musik klarmachen kann.

Aber hier beginnt sich der Gegenstand ins rein Philosophische zu verlieren, und uns kommt es nur darauf an, eine einfache Tatsache des Weltbaues festzustellen. Umrissen in die Formel des Funktionsgesetzes, steht es heute ein für allemal unverrückbar fest, dass ganz einheitlich dieselben Leistungen gesetzmäßig an ihnen zukommenden Formen hängen. Als die Menschheit diese Tatsache richtig benutzte, fand sie in der Natur ein Vorbild für ihre eigenen Schöpfungen und der Nutzen, den sie daraus ziehen kann, ist ganz sicher noch nicht zu Ende.

VI. DAS HARMONIESTREBEN DES ORGANISMUS

Mit diesen Erkenntnissen und ihrer unerschütterlichen Verankerung im Boden der Tatsachen haben wir aber auch festen Boden, wenn wir nach einer Grundlage für richtiges Verhalten im Leben suchen. Allgemeingültige und ewige Weltgesetze müssen doch auch für uns selbst Geltung haben, und wenn wir ihnen folgen, werden wir gewiss weniger in die Irre gehen, als wenn man eigenen Einbildungen nachläuft.

Die feste Grundlage, von der wir ausgehen müssen, ist das Funktionsgesetz. Dieses gilt es nun nach allen Richtungen zu betrachten, und auf uns anzuwenden. Wenn alle Funktionsformen zugleich die technisch optimalen, also die zweckmäßigsten sind, dann müssen die lebendigen Funktionsformen, also der Bau von Mensch, Tier und Pflanze, ein Wegweiser für zweckmäßiges Gestalten sein. Es ist ein zwingender Beweis für die Richtigkeit dieses Satzes, dass die „Biotechnik" auch tatsächlich zu einer großen Zahl von technischen Anregungen, Verbesserungen und sogar neuen Erfindungen kam, als sie sich die lebendig tätige und, wie wir vorhin gesehen haben, auch die tote Natur, den Weltbau, zum Vorbild nahm, (Vergl. hierzu S. 33 ff.)

Eine biotechnische Betrachtung der lebendigen Gestaltungen führt aber über diese Erkenntnis noch hinaus auf eine Erkenntnis, die uns bisher noch nicht entgegengetreten ist. Es besteht nämlich in allen Organismen ein ganz eigentümliches Maß- und Ausgleichsverhältnis, von dem das richtige Funktionieren, also die reibungslose Gültigkeit des Funktionsgesetzes absolut abhängt.

Die Bäume wachsen nach dem bekannten Wort nicht in den Himmel, sondern jeder erreicht nur eine bestimmte, seiner Art gesetzmäßig zukommende Größe, mit der alle seine Einzelteile in bestimmtem Einklang sind. Wenn man irgendein beliebiges Tier zergliedert, erkennt man auf den ersten Blick, dass die Innenteile für sich abgerundete Individualitäten sind. Da liegt vor dem betrachtenden Auge der Magen, das Herz, die Leber, die Knochen, das Hirn, Sie alle sind für sich abgeschlossen, wie die Laboratorien in einer großen Fabrik eine Welt für sich sind, wohl arbeitend für das Ganze und von dem Ganzen die Weisungen erhaltend, aber doch wieder selbstständig in der eigenen Tätigkeit. Diese Einzelorgane stehen nun miteinander in einem gewissen Maßverhältnis und in einem Funktionsausgleich, der zu den erstaunlichsten Tatsachen gehört, welche die neuere Lebensforschung aufgedeckt hat. Durch sie ist eine notwendige Wendung im ganzen Denken bedingt, wenn auch dieses jahrtausendelang andere Wege ging. Seit der Aufdeckung dieser Tatsachen wird es, wenn auch vielleicht – richtiger gesagt: Wahrscheinlich – sehr langsam und die Folgerungen erst im Laufe von Geschlechtern ziehend, die Richtung ändern müssen, denn diese Tatsachen sind ebenso unumstößlich, wie etwa die, dass die Erde eine Kugel sei. An das mussten wir unser Denken doch auch anpassen, so sehr es dem lange Zeit entgegenstand.

Das Maßverhältnis der einzelnen Organe sichert deren erfolgreiches Zusammenarbeiten. Wenn die Leber in unserem Körper größer wäre, würde mehr Galle abgesondert werden und eine Störung der Verdauungsfunktion wäre die Folge; wenn die Knochen in Größe und Gewicht ihr Ausgleichsmaß überschreiten würden, wäre die Muskulatur dem nicht gewachsen, die Art der Beweglichkeit wäre geändert, das betreffende Wesen wäre schwerfällig, hätte Nachteile bei Nahrungserwerb, Flucht und Verteidigung, kurz die ganze Harmonie seines Daseins wäre gestört.

Untersucht man von diesem Gesichtspunkt des Zusammenwirkens aus die Organismen, wird allerorten die feinste gegenseitige Abstimmung der Organe aufeinander und ihr ausgeglichener Zusammenschluss zu einem harmonischen Ganzen offenbar. Das ist geradezu zur Binsenwahrheit geworden; deshalb legt man dem Wort „organisch" nichts anderes als den Sinn des harmonischen, reibungslosen Zusammenschlusses der Teile eines Ganzen unter.

Der Stamm eines Baumes ist in seinen Ausmaßen stets im Einklang mit der Masse und Form der Krone, die er zu tragen hat; die Ausdehnung des Wurzelwerkes im Boden entspricht auf das feinste der oberirdischen Krone. Die Traufe der Blätter begießt stets die letzten Wurzelauszweigungen; die Wurzelmasse, welche Wasser aufsaugen kann, ist genau berechnet auf die Laubmasse, welche das Wasser verdunstet.

Man nennt diesen Ausgleichs- und Anpassungs-zusammenhang in der Sprache der Lebenskunde Korrelation und hat sich neuerdings ohne Widerspruch damit befreundet, den Lebensvorgang selbst als Ausgleichsvorgang zu definieren. Leben heißt dem Naturforscher von heute die stete Wiederherstellung eines gestörten Ausgleiches. Der Gasstoffwechsel verschiebt sich durch Überladung des Blutes mit Kohlensäure; es wird daher geatmet, das heißt eine Übermenge Sauerstoff aufgenommen, um den Ausgleich wieder herzustellen. Durch Tätigkeiten finden im lebenden Organismus chemische Zersetzungen statt, durch die der im „lebendigen Zustand" gegebene Ausgleich auseinanderfällt; es werden daher neue und solche Stoffe und zudem in solcher Menge aufgenommen, dass der ursprüngliche Zustand dadurch wiederhergestellt wird. Das ist der Ausgleich durch die Ernährung. Und so vollzieht sich jede Lebenstätigkeit als Ausgleichsvorgang (= Regulation)[8]. Leben umtanzt stets das harmonische Mittel; der Tod ist das endgültige Unvermögen, diese Harmonie wiederherzustellen, das heißt, den Ausgleich zu vollziehen.

Nach diesen Vorkenntnissen haben wir nun Verständnis, was die sogenannten Regenerations- und

---

8   Der Ausgleichsvorgang wird in der Biologie im Allgemeinen als organische Regulation beschrieben. Eine mehr medizinische Beschreibung findet sich in folgendem Buch: Wrobel, N. u. Sedlacek, K.-D., *Was ist Krankheit?*, Norderstedt (2015), S. 24 ff. und S. 64 ff. Eine Beschreibung unter dem Gesichtspunkt des Leib-Seele-Problems findet sich in: Sedlacek, Klaus-Dieter, *Leben nach dem Leben*, Norderstedt (2016), S. 28 ff. u. 47 ff.

Morphallaxis-Versuche für die Weltanschauung bedeuten, die, von Ritter, Congdon, Morgan, Herbst, Driesch und anderen[9] in großer Anzahl angestellt, stets das Gleiche bewiesen, nämlich, dass das Regulationssystem des Lebens stets nach Harmonie strebt und die Fähigkeit besitzt, sie wiederherzustellen, sogar wenn sie tief gehend gestört ist.

Man hatte schon seit mehr denn hundert Jahren gewusst, dass die Korrelation der Organe einem unverbrüchlichen Gesetz folgt und der von Goethe so bewunderte französische Naturforscher Cuvier hatte als erster mit solcher Sicherheit auf dieses Gesetz gebaut, dass er sich zutraute, aus einem ihm gegebenen Knochen eines unbekannten Tieres dieses ganze Lebewesen wiederaufzubauen. Er bekam auch Gelegenheit zu dieser Meisterleistung. Aus geringfügigsten Knochenfunden entwarf er aufgrund des Korrelationsgesetzes das Bild des riesigen Palaeotheriums, und als man Jahre danach ein vollständiges Gerippe dieses längst ausgestorbenen Tieres fand, zeigte sich seine Vorhersage in jeder Einzelheit richtig erfüllt.

---

9   Als wichtigste Arbeiten auf diesem Gebiet seien zitiert: G. Wolff, Beiträge zur Kritik der Darwinschen Lehre. Leipzig 1898. — T. H. Morgan, Experimental Studies of the Regeneration of Planaria maculata. Archiv f. Entwicklungsmechanik 1898. — E. Ritter und F. Congdon, On the inhibition by artificial section of the normal fission Plane in Stenostoma. Proceedings of Californian Academy of Science. 1900. — H. Driesch, Die organischen Regulationen, Leipzig 1901.

Diese Korrelation der Organe ist es, die sich stets wieder im gesunden Organismus herstellt, wenn sie durch irgendeine Ursache gestört ist. Die einfachsten Fälle dieser Art kennt jedermann. Wenn einer Eidechse der Schwanz abbricht, wächst ihr ein neuer. Er ist zwar zunächst nicht ebenso lang wie der alte, aber er ist stets in gutem und richtigem Ausgleich mit der gesamten Körpergestalt. Durch solche Regeneration vermag jeder Organismus seine Schäden auszuheilen. Die Harmonisierungskraft des Lebens, das ihm innewohnende Streben nach Harmonie äußert sich in dieser Weise und gibt uns unwiderlegliche Zeugnisse, dass es zu den stets vorhandenen, elementaren Eigenschaften alles Lebens gehört.

Unter gewissen günstigen Umständen haben diese Regenerationsversuche geradezu unglaubliche Tatsachen aufgedeckt, wie weit die Ausgleichskraft des Lebens eigentlich geht. Der Versuch, der mir vor vielen Ähnlichen am beweiskräftigsten und vielsagendsten erscheint, hatte folgenden Verlauf.

Er bezog sich auf Strudelwürmer[10]. Strudelwürmer sind kleine, einfach organisierte Lebewesen, welche allenthalben in Teichen, pflanzenreichen Tümpeln und Bergbächen anzutreffen sind. Es sind winzige darunter, welche nicht länger denn ein Millimeter sind; die größten von ihnen überschreiten kaum einen Zentimeter. Nur in den Tropen, wo solche von ihnen

---

10 Strudelwürmer-Turbellaria. Meist frei lebende Plattwürmer mit bewimperter Haut und afterlosem Darm in süßem Wasser oder marin. Die Versuche wurden mit den Süßwasserformen Planaria und Stenostoma angestellt.

auf dem feuchten Laub der Bäume leben und die unangenehme Gewohnheit haben, sich auf unten Vorübergehende zu werfen, um ihnen die Haut aufzubeißen, gibt es noch größere Tiere dieser Art.

Ein Süßwasserstrudelwurm unserer Gegenden ist ein recht merkwürdiges Tier, schon dadurch, weil er meist glasartig durchsichtig ist. Man sieht in seinem Inneren das Gehirn, die Augen, den Schlundkopf mit dem anschließenden Darm, die Muskeln, die Fortpflanzungsorgane, kurz den ganzen inneren Aufbau. Wenn sich an diesem etwas ändert, kann man am lebenden Tier von außen her diese Änderungen ohne Weiteres verfolgen.

Viele von diesen Strudelwürmern haben die merkwürdige Gewohnheit, sich durch Teilung zu vermehren. Etwa in der Mitte des Körpers trennen sich der Quere nach die beiden Hälften und weichen auseinander. Zu jeder wächst wieder das Fehlende hinzu und stellt die „Ganzheit" des Organismus wieder her. Nach einiger Zeit schwimmen zwei vollkommene ebenso große Strudelwürmer dort, wo vordem nur einer seine Jagden veranstaltete. Man schnitt nun von einem in Teilung begriffenen Doppelstrudelwurm die hintere Hälfte des zweiten Tieres ab, so dass nur mehr anderthalb Tiere miteinander zusammenhingen. Bei der fast unbegrenzten Wiederherstellungskraft dieser Tiere erfolgte weder ein Ablösen noch der Tod des verstümmelten Tieres, sondern die anderthalb Tiere schlossen sich durch einen Vorgang, den man als „Umschmelzung" bezeichnet, wieder zu einer Einheit zusammen. Nur war diese erstens größer, als ein Tier dieser Art sonst wäre, und die Größe der vorhandenen Organe stand nicht im harmonischen Einklang zur Größe des Körpers, außerdem waren an diesem „Anderthalbtier" die Augen, das Gehirn, der Schlundkopf nicht an der „richtigen" Stelle. Was geschah? Die Augen lösten sich auf. Sie zerfielen und wurden von dem Körper aufgesogen, so wie ständig solche Umbauten und Aufsaugungen auch in unserem eigenen Körper erfolgen. An der von dem Harmoniegesetz „vorgeschriebenen" Stelle aber bildeten sich neue Augen und sie nahmen auch die harmonische Größe an.

Das Gehirn löste sich zwar nicht auf, aber es verließ seinen Platz und wanderte in den neuen Kopf, genau an den durch die Harmonie der Neugestaltung festgelegten Ort. Es organisierte sich auch neu, um die „richtigen" Größenmaße zu erreichen. So wurde der gesamte Körper umgeschmolzen, das Harmonisierungsbestreben setzte sich mit absoluter Gewalt und Sicherheit durch. Der Schlund bildete sich zurück und entstand wieder größer an dem Ort, der durch die Harmonie des neuen Gesamtkörpers vorgeschrieben war. Nichts blieb beim alten, was disharmonisch war, elementar sprach aus diesem Stückchen Lebensstoff das allgewaltige Harmoniegesetz des Lebens.

Da die Wiederherstellungskraft dieser Tiere ebenso unbeschränkt ist wie die eines Regenwurmes, den man in einzelne Ringe zerschneiden kann, ohne dass er daran zugrunde geht, konnte man mit Strudelwürmern auch folgenden wunderlichen Versuch anstellen:

Man teilte ein ausgewachsenes Tier dieser Art durch Querschnitte in drei Stücke und verfolgte nun die Wiederherstellung dieser Teile. Aus dem Lappen, der aus dem Vorderteil stammte, wurde ein völliges Tier dadurch, dass ihm der ganze Mittel- und Hinterleib zuwuchs, das Mittelstück wieder regenerierte alles Fehlende gleichmäßig und das Schwanzstück schaffte sich hauptsächlich einen neuen Leib und Kopf an. In jedem einzelnen Fall wurden, wenn auch kleinere, so doch vollkommene und harmonische Strudelwürmer erzeugt. Jeder regenerierte Wurm war das vollkommen ebenmäßige Abbild des ursprünglichen. Das Harmoniegesetz regelte alles.

Seitdem muss man das Ausgleichsstreben, den „Zwang zur Harmonie" als eines der ganz grundlegenden Lebensgesetze auffassen, dem sich kein Organismus, auch der Mensch, nicht entziehen kann. Ohne Harmonie ist kein Leben vollkommen, es bleibt etwas Ungesundes, ihm Schädliches, Unbefriedigtes darin. Es kann ein disharmonisches Lebewesen weder sein Bestes leisten, noch zur vollkommenen Daseinserfüllung gelangen. Und darum gehört die Kenntnis dieser Tatsachen zu dem Wichtigsten, was man lernen kann.

VII. DER HARMONIEGEDANKE VON PYTHAGORAS

Es ist mir wohl bewusst, dass die hier gegebenen Auffassungen vom Harmonischen nicht dem historischen Begriff von Harmonie entsprechen, denn dieser hat sich von ganz woanders her entwickelt.

Alle Welt leitet den Harmoniegedanken von Pythagoras her, der im fünften Jahrhundert vor unserer Zeitrechnung ihn mathematisch als ein bestimmtes Maßverhältnis formulierte, das er aus der Musik in das künstlerische Schaffen und dann erst in das kosmische Denken übertrug. Es war vielleicht die größte Zeit des Menschengeistes, dieses fünfte Jahrhundert, in dem gleichzeitig Konfuzius in China, Buddha in Indien und Pythagoras im Abendland lehrten, und oft will es mir scheinen, als sei alles Seitherige in den zweieinhalb Jahrtausenden nichts anderes als Epigonentum und Auswirkung (auch Entartung) der damals empfangenen Weisheiten gewesen.

Was lehrte der große Grieche? Die Welt sei von Maß und Zahl regiert und darum sei ein bestimmtes Maß, eben das Harmonische, für alle Verhältnisse und Dinge das Beste. Aber kritische Forschung gesteht ihm bloß zu, die Gesetze der musikalischen Harmonie auf experimentellem Weg ergründet zu haben, in anderem ist auch Pythagoras nur ein Schüler noch älterer, und zwar ägyptischer Weisheit, die älter als er ist, was sich auch in der Legende ausdrückt, er sei ein Schüler der ägyptischen Priester gewesen.

Die Ägypter haben den Harmoniegedanken aus seiner für den Menschen eigentlichsten Quelle geschöpft, nämlich aus der Harmonie des menschlichen Körpers selbst. Wir wissen heute, dass sie schon drei verschiedene Proportionalgesetze gekannt haben, um die menschliche Idealfigur, also den Typus des schönen Menschen darstellen zu können. Tatsächlich haben sie von diesem „Kanon", der nichts anderes als die Lehre von der biologisch harmonischen Proportion des menschlichen Körpers ist, in ihren Statuen, sogar in ihren Bauwerken durchgängig Gebrauch gemacht, wie namentlich die Tempel von Karnak und Edfu, auch die Maßverhältnisse der Cheopspyramide bezeugen. Sie also haben die biologische Harmonie auf das Gebiet der Kunst übertragen. Unsere Aufgabe ist hier gar nicht die Klärung dieser historischen Zusammenhänge, das sollen unsere Geschichtsforscher als die Berufenen ausmachen, nur die Tatsache steht fest: Der Harmoniegedanke als „Maßverhältnis" ist eine der ganz alten Grundeinsichten der Menschheit. Darum beherrscht er schon im 5. Jahrhundert vor unserer Zeitrechnung das Schaffen der griechischen Künstler. Die Proportionslehre des Polyklet aus der Blütezeit der griechischen Kunst spiegelt den Harmoniegedanken ganz deutlich wieder, wenn es auch keinerlei sichere Überlieferung gibt, dass die Griechen bewusst nach dem „Goldenen Schnitt" gearbeitet hätten, den Pythagoras gekannt hat, Plato und der Mathematiker Euklid betonen bereits, dass dieses

56

bestimmte Proportionsverhältnis[11] das vollkommenste für die Bildung der Naturformen sei, ja der letztere hat in seinem berühmten geometrischen Lehrwerk schon verschiedene Methoden angegeben, ihn zu finden. Jedenfalls entsprechen alle Maße des Speerwerfers, den Polyklet schuf, um nach seiner Schrift über die Proportionen des menschlichen Körpers ein Idealbild der Mannesschönheit zu zeigen, in allen Teilen dem Goldenen Schnitt des Pythagoras und der mittelalterlichen Meister. Und wenn Vitruv, der auf Jahrhunderte hinaus die antike Baukunst beeinflussende Architekt des augusteischen Zeitalters, theoretisch und praktisch dafür eintrat, in den Bauwerken die Maßverhältnisse des normalen menschlichen Körpers zu wiederholen, dann kann es uns nicht wundernehmen, wenn von da ab gerade die hervorragenden antiken Bauwerke auch der Idealproportion des Goldenen Schnittes in unverlierbarer Schönheit nahekommen.

Dieser Leitfaden des künstlerischen Schaffens ist nicht mehr wieder verloren gegangen. Wenn heute fast alle Dinge, die uns umgeben, Türen, Fenster, Möbel, ja auch die Streichholzschachteln oder Passkarten und das Schreibpapierformat dem Maßverhältnis des Pythagoras entsprechen, wenn in den Proportionen der berühmten Dome, Rathäuser und Bürgerbauten

---

11 Plato betont, dass das Verhältnis des Goldenen Schnittes das vollkommenste für die Bildung von Naturformen sei und bezieht sich dabei auf das rechtwinkelige Dreieck, bei dem die Hypotenuse doppelt so groß ist wie die kleinere Kathete, also auf das Verhältnis 1:Wurzel(3) = 5:8,66, das heißt, ein dem Goldenen Schnitt ganz nahekommendes Proportionsverhältnis. Euklid dagegen hat in seinen „Elementen" verschiedene Lösungen zum Problem des Goldenen Schnittes gegeben.

unseres Mittelalters allüberall das gleiche Gesetz verwirklicht ist, das man in dem Verhältnis von 5:8 ausgedrückt hat, dann kann dem nicht ein Zufall zugrunde liegen, sondern man muss annehmen, dass
hier, wenn auch kein Lehrwerk seit dem Ausgang der
Antike die Schaffenden in diesem Sinn beeinflusste,
doch eine von Generation zu Generation weiter-
gegebene Tradition bestand. Und man hat auch tatsächlich Anhaltspunkte dafür. Denn in dem so sorg-
fältig gehüteten „Bauhüttengeheimnis" wurden ja
Lehren weitergegeben, und wenn das Aushängeschild
der Bauhütten nichts anderes als das dem Pythagoras
zugeschriebene Pentagramm, der Drudenfuß, war und
dieser wieder nichts, als eine der reinsten Dar-
stellungen des Lehrsatzes vom Goldenen Schnitt ist,
dann liegt es ja auf der Hand, dass es zur Bauhütten-
lehre gehört haben muss, dass das Bauen nach dem
Goldenen Schnitt den Bauwerken höchste Schönheit
und größte Dauer bei sparsamstem Aufwand verleihe.
Denn darin liegen doch Wesen und Bedeutung dieser
ganzen, mit so viel Geheimnis umgebenen Sache, dass
der Mensch damit den Weg der Schaffensgesetze der
Natur betrat. Was uns in der kleinen Kieselalge, im
Baugesetz der Knochen und des Getreidehalmes, in
der Statik der Eisenhochbauten entgegentrat, das ist es,
was jetzt als Goldener Schnitt von Architektur und
Bildhauerkunst dieselbe Gesetzmäßigkeit offenbart. Es
galt auch hier nur das Weltgesetz zu verwirklichen, um des höchsten Erfolges teilhaftig zu
werden.

In der mathematischen Formulierung sieht nun dieses „Weltgesetz", das in der schaffenden Welt unter dem Namen: Der Goldene Schnitt geht, so aus:

Proportionalität und Harmonie werden durch das Zahlenverhältnis 5:8 (genauer 5:8,09) klar und bestimmt ausgedrückt und dieses Zahlenverhältnis führt den Namen der „Sectio aurea" oder des Goldenen Schnittes. So lautet der Satz, zu dem man auf folgendem Weg kam: Teilt man eine Linie von bestimmter Länge in zwei ungleiche Teile, so, dass der kleinere Teil sich zum größeren verhält, wie der größere zur Gesamtlänge, dann erhält man eine Teilung, die das Augenmaß als die schönste und befriedigendste empfindet. Verwirklicht man zum Beispiel diese Teilungsmaße in einem Fenster oder einem Kasten, wird man diese Gegenstände als ebenmäßig, das heißt, als harmonisch empfinden. Misst man die beiden so gewonnenen Teile nach, wird man, wenn man den kleineren als Einheit nimmt, den größeren 1,6180 Teile lang finden, was durch das abgerundete Verhältnis 5:8 genügend richtig umschrieben wird. Mathematisch genau lässt sich ja dieses Verhältnis nicht ausdrücken. 5 : 8 oder weniger scharf 3 : 5 sind nur Näherungswerte, die aber für die praktischen Bedürfnisse von Kunst und Kunstgewerbe durchaus ausreichen.

Wenn man aber zwei Linienlängen, die zueinander im Verhältnis des Goldenen Schnittes stehen, addiert, ergibt sich eine größere Linie, die zu der ihr nächstkleineren wieder ein „Goldenes Schnittverhältnis" hat;

dadurch kann man zu einer „Goldenen Reihe" kommen (die Lamesche Zahlenreihe), von der sich jedes Glied zu den nächst- oder vorfolgenden Gliedern nach der Proportion 5:8 verhält. Diese harmonische Reihe hat folgendes Aussehen:

$$1-2-3-5-8-13-21-34-55-89 \dots$$

Hier aber war der Anknüpfungs- oder richtiger gesagt, der Ausgangspunkt der ganzen Harmonielehre, denn das hatte ja Pythagoras bei seinen Versuchen mit Saiteninstrumenten gefunden und das war ursprünglich als Harmonie bezeichnet worden (und wird es noch jetzt), dass 3, 5 und 8 als Terz, Quinte und Grundoktave in der Musik den Dreiklang, der das Urbild des musikalisch Schönen ist, als Harmonie ergeben, damit die Grundlage aller möglichen Tonkombinationen und somit der gesamten Musik.

So war ein zunächst willkürlicher ästhetischer Einfall in Mathematik verankert; er war übergeführt in eine der großen Konstanten des Weltseins, an denen nie mehr wieder zu rütteln sein wird. Physik und Philosophie mögen das Weltbild umbauen, wie sie wollen, vom Positivismus zum Idealismus mag die Vorstellung alle Möglichkeiten für die Wirklichkeit der Welt ausgeben, das wird nie mehr wieder zu ändern sein, dass 3:5:8 die Grundlage des harmonischen Dreiklangs ist und zugleich eine Proportion ist, die das Empfinden erfreut und den Proportionen sowohl des normalen menschlichen Körpers wie der stabilen Einrichtungen bei Pflanzen entspricht.

VIII. DAS HARMONISCHE WELTGESETZ

Zu den immer häufiger genannten Schlagworten unserer Zeit gehört das von dem harmonischen Weltgesetz. In Kunst und Wirtschaftsführung, in Politik und Lebensgestaltung, überall ertönt der Ruf nach Harmonie im Dasein als rettendem Stern aus Missgeschehen und Verwirrung unter Berufung darauf, dass das gesamte Weltgeschehen gesetzmäßig so geordnet sei, dass nur Harmonie den Erfolg und die Dauer sichere. Was soll also dieses harmonische Weltgesetz sein und inwiefern kann man mit Recht sagen, dass es durch die Tatsachen des Weltbaues gerechtfertigt sei? Wiederholen wir:

Die historische Grundlage des Harmoniegedankens waren unzweifelhaft die musikalischen Experimente der alten Griechen, die zur Entdeckung des Dreiklanges aus Terz, Quinte und Grundoktav und damit zu der mathematischen Konstante von 3:5:8 führten. Diese Reihe 3, 5, 8, 13, 21 — aber ist eine ganz besondere, die sogenannte harmonische Zahlenreihe, deren Gliedern eine ganz eigenartige Bedeutung innewohnt. Wendet man die in ihr ausgedrückten Proportionen auf die Gestaltung von Geräten, Gebäuden, Kunstwerken, überhaupt im Schaffen an, so entstehen Gegenstände, die als besonders „schön" und gefällig empfunden werden, weshalb schon seit ältesten Zeiten des Kunstschaffens bis heute vorzugsweise nach dieser Regel gearbeitet wird. Man hat

alle großen historischen Bauwerke von der Cheops-
pyramide bis zu den Meisterbauten von Fischer von
Erlach oder Rauch auf das hin nachgemessen und ge-
funden, dass sie Annäherungen an den „Goldenen
Schnitt" sind, wie man diese Regel benannt hat. Schon
seit den Zeiten der alten Ägypter und wohl in ihrer
Nachfolge, in der klassischen Zeit der griechischen
Kunst, hat man gewusst, dass das in der obigen
Zahlenreihe ausgedrückte Proportionsverhältnis auch
den Aufbau unseres eigenen Körpers beherrscht.
Wenn er normal ist, also dem Typus des schönen
Menschen entspricht, dann sind die Proportionen in
den Schlüssel des 3:5:8 (kürzer ausgedrückt 5:8) über-
leitbar. Das schöne menschliche Antlitz kann mit
vollem Recht als der Lehrmeister für die Harmonie in
der Kunst betrachtet werden.

Im der weiteren Verfolgung dieser Studien haben die
Forscher, die sich diesen Fragen widmeten, vor allem
in Deutschland E, Zederbauer, K. Wyneken, A. Zeising
und A. Goeringer[12], gefunden, dass auch die Farb-
gebung der berühmten Gemälde demselben Kanon der
Schönheit folgt. Das richtige Verhältnis mehrerer
Farben zueinander innerhalb eines farbigen Gebildes
wirkt als Farbenharmonie auf den Beschauer und hat

---

12 Vgl. A. Zeising, Neue Lehre von den Proportionen des menschlichen Körpers.
Leipzig 1854. — J. Bochenek, Die männliche und weibliche Normalgestalt.
Berlin 1875. — A. G o e r i n g e r, Der „Goldene Schnitt" und seine Be-
ziehung zum menschlichen Körper, zur Gestalt der Tiere, Pflanzen und
Kristalle etc. München. 2. Aufl. 1911. — H. E. Timerding, Der Goldene
Schnitt. Leipzig. 1919. — E. Zederbauer, Die Harmonie im Weltall, in der
Natur und Kunst. Wien. 1917. — K. Wyneken, Leitfaden der Rhythmik. — R.
Engel-Hardt, Der Goldene Schnitt im Buchgewerbe. Leipzig. 2. Aufl. 1922.

den großen Gemälden der internationalen Kunst ebenso gut ihren Weltruhm verschafft, wie den orientalischen Teppichen, berühmten farbigen Trachten, Mosaiken und so weiter, wenn sie darin ebenso das Harmoniegesetz verwirklichten wie die Formgebung.

Man ist noch weitergegangen, und die genannten Forscher haben ihre Messungen auch auf Geräte des täglichen Gebrauches, auf das Kunstgewerbe mit seinen Möbeln, Truhen, Beleuchtungsgegenständen, Gläser, Kannen, Kleingerät, auf die Musikinstrumente erstreckt und überall gefunden, dass die harmonischen Proportionen auch hier die Grundlagen der höchsten Gefälligkeit sind.

Sogar mehr als das. Hier ist man zum ersten Mal einen Schritt über das bloß Ästhetische hinausgekommen durch die Feststellung, dass die harmonische Form dieser Geräte zugleich auch die zweckmäßigste, praktisch am besten brauchbare Form dieser Dinge ist. Gabeln, Messer, Briefumschläge, Werkzeuge in den Proportionen des Goldenen Schnittes sind auch die handlichsten und so kann es uns nicht wundernehmen, wenn neueste Messungen prähistorischer Werkzeuge, angefangen von den primitivsten Feuersteinkratzern bis zu den wohlpolierten Jadeitbeilen[13] und bronzegegossenen Kelten, mit besonderer Vorliebe die harmonische Proportion anwenden. Das ist so zu verstehen, nicht

---

13 **Jadeit** ist ein zähes widerstandsfähiges Mineral aus der Klasse der „Silikate und Germanate". Die Farbe des Jadeits zeigt alle Variationen von Grün.

als ob jene untergegangenen vorgeschichtlichen Geschlechter sich dieser Verhältnisse bewusst gewesen wären, sondern dass sich allmählich durch den Gebrauch nur die zweckmäßigen Formen bewährt haben, also immer wieder kopiert wurden, während die unharmonischen und unpraktischen verlassen und nicht so oft erzeugt wurden.

Ganz besonders eindrucksvoll ist in dieser Reihe die von Zederbauer festgestellte Tatsache, dass auch die Meistergeigen die vollständige Verkörperung des Goldenen Schnittes darstellen. Es wurden Amati-, Stradivari- und Jakob Stainersche Instrumente daraufhin untersucht. Tatsächlich fanden sich in der „Stimme", in der Schnecke, dem Steg, dem Bassbalken, den Saiten, sogar im Geigenbogen dieser „göttlichen" Violinen die harmonischen Maße verwirklicht und Zederbauer steht nicht an, dem in folgenden entschiedenen, geradezu lapidaren Sätzen Ausdruck zu geben: „Der Bau der Geige ist ein harmonischer. Alle Teile haben zum Körper, als dem Hauptteil, die richtigen Verhältnisse. Die Meister im Geigenbau verfertigten ihre Instrumente nach derselben Harmonie, wie sie in der Welt, in der Natur und in der Kunst herrscht." Man kann seitdem wohl mit Recht sagen, dass nun das eigentliche Baugeheimnis dieser alten Meisterviolinen erschlossen sei, denn Kopien, unter diesem Gesichtspunkt angefertigt, ergaben tatsächlich eine überraschende Veredelung des Tones. Aber man ist noch weitergegangen. Da die gesamte Natur im Totaleindruck wie in allen ihren Einzelbildungen auf das menschliche Gemüt einen so bezaubernden, die höchste Schönheit verwirklichenden Eindruck macht, sagte man sich, dass auch die Naturschöpfungen nach dem Harmoniegesetz gestaltet sein müssen, und hier war es namentlich Zeising, der in zahllosen, unendlich mühevollen Messungen ein überwältigendes Beweismaterial zusammengebracht hat. Da war zunächst der menschliche Körper in seiner Natürlichkeit das Objekt einer Messungslehre, die sich inzwischen zu einer ganzen Wissenschaft von der menschlichen Normalgestalt verdichtet hat, in der zahlreiche Gelehrte und Künstler übereinstimmend feststellten, dass das Baugesetz des normalen menschlichen Körpers der Goldene Schnitt ist.

Zunächst ist die ganze Länge des Körpers in der Taille nach dem Goldenen Schnitt geteilt. Von der Fußsohle bis zur Taille ist der 8-Teil, von da ab der 5-Teil verwirklicht, namentlich am schönen Frauenkörper und bei kleinen, kräftigen Männern, (bei hochgewachsenen Mannesgestalten fällt der Teilungsschnitt mit dem Nabel zusammen.) Im Allgemeinen bestätigte sich der Zeisingsche Satz, dass der männliche Körper dem Durakkord, das heißt, dem Verhältnis 5:8, der weibliche dagegen dem Mollakkord, das heißt 3:5 entspricht.

Das harmonische Maß kehrt aber auch in allen Einzelheiten des Menschenleibes wieder. Die Taillenbreite der Frau verhält sich zur Schulterbreite so wie 8:5, wenn die Frau wirklich schön ist, ebenso die Kopfhöhe zur Schulterbreite, der schöne Arm und die edle Hand sind nach diesem Maß gebaut, kurz der ganze Körper ist nach den harmonischen Proportionen durchorganisiert, nicht nur bei der Venus von Milo oder Medici, nicht nur an den Statuen des Doryphoros, des Narziss oder Herakles, sondern auch bei den Sportgestalten unserer Tage.

Ebenso kehrt der Goldene Schnitt schließlich im Tier- und Pflanzenkörper überall wieder, wo dieser Eindrücke des Gefälligen und Schönen erweckt. Gazelle, Reh und Pferd, Schmetterling und Fisch, die Blätter der Bäume (ein Idealfall ist zum Beispiel das Eichenblatt), besonders die Blüten und Früchte, nicht weniger die inneren Bauverhältnisse und die mikroskopischen Lebewesen zeigen überraschend oft Annäherungen in die große Weltkonstante, und wenn man heute noch nicht so weit ist, sie als die Norm aller biologischen Gestaltung hinstellen zu können, so rührt das nur davon her, dass alle diese Messungen und Untersuchungen sich noch nicht auf genügend Material erstrecken und auch erst Annäherungsmethoden ausgearbeitet haben.

Wenn aber, wie Goeringer gezeigt hat, sogar beim Aussprechen der Vokale die jeweiligen Rauminhalte der Mundhöhle im Sinne des Goldenen Schnittes harmonieren oder wenn das Baugesetz der Bäume in seiner Blattstellung durchgängig von der harmonischen Reihe 2, 3, 5, 8, 13, 21 bestimmt oder die Kristallformen sich nach den gleichen Proportionen ausbilden, dann kann man nicht mehr daran zweifeln, dass diese biometrische Wissenschaft das Richtige trifft mit ihrer Behauptung, dass diese im inneren und äußeren Bau der Lebewesen, in den Kristallen, den Tonwellen, den Kunstwerken der Architektur, Skulptur, Malerei und Tonkunst, in Farben und Sprache immer wiederkehrende Regel auf ein Weltgesetz hinweist, auf eine der großen ewigen Beziehungen und Grundtatsachen, die nun einmal von der schöpferischen Kraft in den Weltbau gelegt ist.

Es hätte also gar nicht mehr eines ganz durchschlagenden Beweises bedurft, und wenn sich dieser trotzdem eingestellt hat, dann ist damit die uns hier beschäftigende Tatsache in jeder nur wünschbaren Form erhärtet. Der letzte große Beweis war nämlich der Nachweis der harmonischen Weltstruktur im Kosmischen.

Im achtzehnten Jahrhundert hatte ein dilettierender deutscher Pastor namens Titius als Erster darauf aufmerksam gemacht, dass die Entfernungen der Planeten zur Sonne, die sie umkreisen, eine ganz eigenartige Gesetzmäßigkeit einhalten. Wenn man die Entfernung des innersten, nämlich des Merkurs, als Einheit mit 4 annimmt, dann folgt Venus in einem Abstand von 7, die Erde mit 10, der Mars mit 15, die zersprengten kleinen Planetoiden in einer Entfernung von 28, Jupiter in 52. Diese Reihe 4, 7, 10, 15, 28, 52 ... ist aber eine harmonische Reihe, und wenn in ihren letzten drei Gliedern, nämlich in den Entfernungen von Saturn, Uranus und Neptun leise Abweichungen von dem mathematisch Geforderten (zum Beispiel 192 statt 196) da sind, so ändert das an der Tatsache nichts, dass die harmonische Konstante auch den Bau unseres Sonnensystems durchdringt.

Man hat diese Beobachtung nachgeprüft und bestätigt gefunden, sodass die Tatsache der „Titius-Bodeschen Reihe", wie sie jetzt heißt, zu den festen Säulen der Astronomie von heute gehört. Man hat auch gelernt, in ihren Sinn hineinzusehen, da sich gezeigt hat, diese Harmonie in den Entfernungen wahre das Gleichgewicht des ganzen Sonnensystems. Es würden nämlich die Riesenplaneten Jupiter, Saturn und Uranus die Erde in ihrem Verhältnis zur Sonne empfindlich stören, wenn ihre Entfernung nicht in dieser Weise geordnet wäre, die gerade das Mittel und den neutralen Punkt zwischen den zwei Möglichkeiten darstellt, dass entweder die Großplaneten die kleineren an sich ziehen oder bei noch weiterer Entfernung nicht mehr nach dem Sonnenzentrum gravitieren, sondern in den Weltraum hinausfliegen. Nur durch den harmonischen Bau wird das dauernde Gleichgewicht gewahrt und so wie im Bau des Getreidehalmes ist auch droben am Himmel das Harmoniegesetz die Verkörperung des Zweckmäßigen und der Erhalter der Dauer.

Von diesen Tatsachen aus haben sich nun die Kenntnisse nach zwei Seiten hin entfaltet. Der Mineraloge V. Goldschmidt fand, dass die Titius-Bodesche Reihe mit der der musikalischen Obertöne übereinstimmt, dass also gewissermaßen das „Klanggebäude" ein Abbild des „Weltgebäudes" sei — eine moderne Rechtfertigung der uralten pythagoreischen

Lehre. Andererseits hat die Astronomie, von da aus weitergehend, erkannt, dass der ganze Himmel von harmonischen Verhältnissen beherrscht sei. Harmonie waltet auch in den Entfernungen der Monde von den Planeten oder in der Anordnung der Saturnringe. Nach diesem Gesetz verlaufen die Bahnen der periodischen Kometen. Es bestimmt das Größenverhältnis der Planeten zueinander sowie das ihrer Trabanten, ebenso die Dichte und die Umlaufszeiten. Das Harmoniegesetz reicht auch in den Fixsternhimmel. Es ist uns erlaubt, zu sagen, es sei das bestimmende Gesetz des Weltbaues im Größten[14], so wie uns die Untersuchung der irdischen Natur den Satz erlaubte: Harmonie durchdringe auch hier das Sein.

Auf diesen festen und unerschütterlichen Grundlagen ruht mit einer der wichtigsten Einsichten der modernen Philosophie: Harmonie ist nicht nur Weltstruktur, sondern auch Weltgesetz.

---

14 Vgl. Zederbauer: „Die Massen im Weltall sind derart zueinander angeordnet, dass ihre Entfernungen in den irrationalen Verhältnissen (Wurzel (5) / 2): (Wurzel (2) / 2): 1 oder von diesen abgeleitet stehen. Die Massenanordnung ist im 'richtigen' Verhältnis oder harmonisch." (Zederbauer S. 40.)

IX. DER TIEFSTE SINN DER HARMONIE

Wir haben eine Ernte einzubringen, so wenig Umfang unsere Ausführungen auch bisher eingenommen haben. Niemand, weder der Philosoph, noch der Naturforscher, noch der praktische Mensch des gesunden Menschenverstandes kann es widerlegen oder übersehen, dass in der Tatsache des Harmoniegesetzes eine der wichtigsten und wissenswertesten aller menschlichen Erkenntnisse erarbeitet ist. Dass sich diese Arbeit in graueste Vorzeit verliert und über Pythagoras, Polyklet, Euklid, Leonardo, Dürer[15] zu Titius, Zeising, Goeringer, Zederbauer und meinem Bioswerk schon zahlreiche Weiterbildungen erfahren hat, steigert nur ihren Wert und erhebt sie zu dem Rang einer der großen Grundideen der Menschheit. Herausgeschält aus mythischen, mystischen, metaphysischen Deutungen, präsentiert sie sich heute in der nüchternen Form einer einfachen mathematisch gegründeten und erfahrungsmäßig nachgeprüften Feststellung des Tatsachenbestandes, dass in allen irdischen, wie kosmischen, in den natürlichen wie in den geistigen Zusammenhängen das Proportionsverhältnis 5:8 der Teile von besonderer Bedeutung sei. Dieses von uns als harmonisch bezeichnete

---

15 Sowohl Leonardo da Vinci wie Dürer haben sich mit dem Problem des Goldenen Schnittes befasst. Der erstere in dem Werk von Luca Pacioli, De divina proportione. Venedig 1509. — Dürer in „Aus der Proportionslehre." Hierin sind begriffen vier Bücher von menschlicher Proportion durch Albrechten Dürer in Nürnberg erfunden und beschrieben. Nürnberg 1528.

70

Proportionsverhältnis zeichnet sich durch folgende Eigenschaften aus:

1. Es ist in den natürlichen Gebilden überaus häufig verwirklicht. Im Bau des Sternenhimmels, im Bau der Kristalle, also im überwiegenden Teil der materiellen Gestaltung, im inneren und äußeren Bau der Organismen, vom Einzeller bis zum Menschen ist es die häufigste Maßbeziehung. Es drückt sich darin eine universale Welt- und Lebensstruktur aus.

2. Die harmonische Proportion wirkt auf das menschliche Empfinden als das ästhetisch Schöne. Daher trachtete man seit Urzeiten bis jetzt in Bauwerken, Skulpturen, Bildern, in Farbengebung, Werken der Musik (die sich ganz auf Harmonie aufbaut) und der Dichtkunst Harmonie zu verwirklichen. Das harmonische Weltgesetz ist die Grundlage des Künstlerischen geworden und wird es immer wieder sein müssen, da es eine „biologische Konstante" ist. Es bleibt uns keine andere Wahl, da wir „so eingerichtet sind".

3. Der harmonische Bau der Organismen hat sich als ein vollendet zweckmäßiger Bau, das heißt als Verwirklichung optimaler Verhältnisse erwiesen. Strukturen in harmonischen Proportionen sind die sparsamsten, dauerhaftesten, tragfähigsten, sinnreichsten, zweckmäßigsten, kurz die optimalen. Das haben uns die von uns gewählten Beispiele: Kieselalge, Getreidehalm, Knochen, die biotechnischen Modelle der Natur bewiesen. Deshalb ist auch dem Menschengeist kein anderer Weg frei ge-

blieben in den technischen Konstruktionen, will er das Bestmögliche erreichen, den Weg der Weltstruktur zu beschreiten. Nämlich die Biotechnik verwirklichen und nach dem harmonischen Weltgesetz schaffen. Das ist bisher geschehen im Eisenhochbau, in der Architektur, in zahlreichen „Biotechniken", auch teilweise schon in Organisationen, in der Politik und im Wirtschaftsleben als Rationalisierung und Ausgleichsbestreben. Diese Richtung hat als Durchorganisierung des Kulturlebens nach optimalen Gesichtspunkten die größte Zukunft vor sich.

Diese Feststellungen sind heute durch die vereinten Bemühungen vieler Forscher und Denker absolut sichergestellt. An sie kommt keine Kritik und kein Zweifel mehr heran. Es ist für ihre Gültigkeit vollkommen einerlei, ob die Ursache dieser einmal gegebenen und wirksamen Welteinrichtung bekannt ist oder nicht. Dieses metaphysische Problem mag die Philosophie beschäftigen, die Art seiner Lösung oder das Ungelöstbleiben berührt weder die Wirksamkeit dieses Gesetzes, noch den praktischen Nutzen, den das Wissen darum und seine Anwendung bereitet. An dem allein wollen wir uns auch halten.

Die Bedeutung dieses Wissens um das harmonische Weltgesetz ist so groß, dass von nun an jeder Unterricht der jungen Generation für unvollkommen gelten muss, der es nicht an einer grundlegenden und zentralen Stelle behandelt. Der Handwerker, der Künstler, der Techniker, der Kaufmann, der Organisator, der Politiker, der Naturforscher und der

Denker braucht es; keiner von ihnen kann richtig arbeiten, wenn er dieses Gesetz in seinem Bereich nicht anwendet.

Es ist auch kein Werk über die Natur denkbar, das sich nicht mit dieser eigentümlichen und grundlegenden Weltstruktur auseinandersetzt. Ebenso wenig eine Kunstgeschichte und Kunsttheorie, die die Tatsachen des Goldenen Schnittes ignoriert.

Das gesamte technische Schaffen muss bei jeder seiner Problemlösungen von nun an auch die biotechnischen Möglichkeiten in Betracht ziehen und zu mindestens versuchen, von ihnen Anregung zu erhalten. Biotechnik ist ein notwendiger Unterrichtsgegenstand der jungen Technikergeneration.

Designstudie aus den 1920er Jahren. Ein biotechnisch gebautes Auto (Stromlinienform).

In der Philosophie aber bedeutet der Harmoniegedanke, seine Analyse und seine Metaphysik eine neue Ära. Eine Einsicht, die so nachhaltig das Geistes-

Der „Goldene Schnitt" in der Architektur: Rathaus zu Schwäbisch-Hall

leben des Menschen beeinflusst hat und ihm in wachsendem Maße den Stempel aufdrückt, fordert von den Philosophen in ganz anderem Umfang Beachtung, wie das bisher geschehen ist. Die auf das Harmoniegesetz aufgebaute Lebenslehre wird die Menschheit durchdringen und zu den größten Umwälzungen Anlass geben, mag sie auch heute erst in ihren Anfängen stecken und nur einige Tausend Anhänger zählen. Da sie auf einem konstant wirkenden Weltgesetz beruht,

74

kann sie, einmal aufgestellt, nicht mehr wieder vergehen, sondern wird — wenn auch in wechselnden Formen — immer wiederkommen und so lange die Einrichtungen ändern, bis sie sich, eben mit der Kraft eines Weltgesetzes, durchgesetzt hat.

Die Anwendung der Trajektoriengesetze im Eisenbau: Eisenbahnbrücke von Münster

X. NEUE ERKENNTNISSE AUS DEM HARMONIEGESETZ

Mit diesen Einsichten ist jedoch die wahre Bedeutung des harmonischen Weltbaues für unser Denken und Verhalten noch nicht erschöpft. Sein Studium führt noch zu weiteren Erkenntnissen, von denen namentlich drei: die Bedeutung harmonischer Lebensabläufe für die Gesundheit, die Bedeutung des Kreislaufes und „das Schöpferische harmonischer Organisationen" hier noch ihre ausführliche Würdigung finden sollen.

Das angeführte Tatsachenmaterial hat uns gezeigt, dass Organismen und Kristalle die gestörte Harmonie der Gestaltung immer wieder durch Regeneration herzustellen suchen. Schon einfache physikalische Gesetze, Spannung und Elastizität arbeiten in dieser Richtung. Ein eingedrückter Gummiball stellt seine „Ganzheit", nämlich die runde Form, wieder her. Ein Kristall, dem man eine Spitze verkürzt hat, ergänzt, wenn er wieder in eine Kristalllösung gelangt, das Fehlende in der dem Harmoniegesetz entsprechenden Art. Die Eidechse regeneriert den abgebrochenen Schwanz, die Molchlarve das Bein oder die Augenlinse. Sogar der Mensch regeneriert noch Hautdefekte. Es besteht eine allgemeine „Harmonoklise", ein Streben, die harmonische Ganzheit immer wieder herzustellen. Daraus kann man den Rückschluss ziehen, dass ohne diese harmonische Gestaltung

76

offenbar die vollkommene Funktion, das, was man bei Lebenden „die Gesundheit" nennt, nicht verbürgt wäre.

Einige einfache Erwägungen, vor irgendeinem anatomischen Modell des Menschen angestellt, sagen hierüber bereits alles.

Wenn man die Größe, Lagerung und gegenseitige Zuordnung der Innenorgane an einem solchen Modell betrachtet, wird man zunächst bemerken, dass auch sie, so wenig ästhetisch der Anblick zunächst auf den Ungeschulten wirken mag, nach dem Goldenen Schnitt gebaut sind. Noch mehr in die Augen springend aber ist die enorme Zweckmäßigkeit, mit der diese Organe in der Brust- und Bauchhöhle verpackt liegen.

Da ist zu oberst die zweilappige Lunge, in deren Halbkreis das Herz eingebettet ist. Beide sind durch das Zwerchfell von der Bauchhöhle abgeschlossen, die eine Art ovalen Sack darstellt, in dem der mannigfaltigste Inhalt so fest verstaut ist, dass auch die heftigsten Bewegungen (man denke da nur an die Anforderungen des Sportes) ihn nicht durcheinanderbringen können. Hier überlagert die riesige Leber den einseitig verschobenen Magen, der große Grimmdarm (Colon) in seiner charakteristischen Beugung thront über dem so wunderlich verkrümmten übrigen Gedärm, kurz eine Vielheit mannigfach geformter Gebilde ist so unübertrefflich zweckmäßig in einem relativ kleinen Raum verpackt, dass wir, auch bei intensivstem Nachdenken, keine andere Art von Zusammenlagerung ersinnen könnten, wenn uns die

Aufgabe gestellt wäre, diese Gegenstände auf das Beste im kleinsten Raum zu vereinigen. Es ist das „Zweckmäßige" einer harmonischen Gestaltung hier ohne Weiteres in die Augen springend.

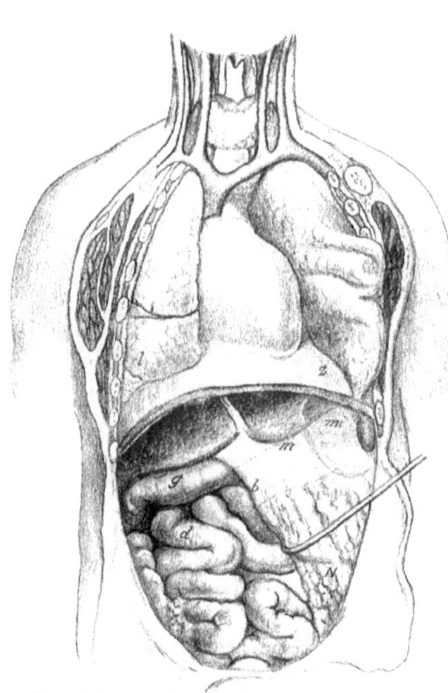

Der „Goldene Schnitt" im Inneren des Menschen. z = Zwerchfell — 1 — Lungenflügel, dazwischen das Herz mit der Hohlvene — c — Leber mi = Milz — N = Netz, durch einen Haken zurückgezogen — g = Grimmdarm (Colon) - d = Dünndarm. Die vordere Brust- und Bauchwand ist teils entfernt, teils zurückgeschlagen Zeichnung des Verfassers

Nun bedenke man aber noch Folgendes: Wenn diese Lungenflügel in einem gegebenen Fall nicht die Form und Größe hätten, sondern kleiner wären, etwa an der Spitze geschrumpft und ausgehöhlt, wenn also die Harmonie ihrer Gestaltung gestört wäre, würde sich da ein Arzt auch nur einen Augenblick bedenken, die Diagnose zu stellen, der Träger dieser geschrumpften Lunge sei krank? Er würde sagen: Er könne nicht richtig atmen, er sei tuberkulös. Und die Wirklichkeit würde ihm vollkommen recht geben.

Eine vergrößerte Leber bedeutet Funktionsaussetzung und Erkrankung, auch ein normaler Magen, wenn er nur nicht an seinem durch die Harmonie des Ganzen festgelegten Platze liegt, ist von dem Übel der „Magensenkung" befallen; ist er größer als die „Norm", bedeutet das „Magenerweiterung." Von derselben pathologischen Bedeutung ist die Herzerweiterung, kurz: Die Harmonie der Innenorgane allein sichert die Gesundheit; harmonische Gestaltung des Organismus ist gleichbedeutend mit seiner Gesundheit, Disharmonie aber mit Erkrankung.

Wem würde da nicht auf den ersten Blick klar, dass hier eine Einsicht von außerordentlicher Tragweite für Medizin, Lebensforschung und Lebensführung gegeben ist? Solange der Organismus gesund ist, also seine Funktionen harmonisch ablaufen, bleibt er am Leben; es ist somit seine Dauer gewährleistet. Altern ist, wie die Untersuchungen ergeben haben, nichts anderes, als eine allmähliche innere Zerstörung der organischen Harmonie. Unser Körper vermag nicht auf die Dauer seine Harmonie aufrechtzuerhalten, so wie er sie (und mit ihm offenbar ein großer Teil der Welt) nicht absolut zu verwirklichen versteht. Durch den Lebensprozess selbst entstehen allmählich Disharmonien, die zu einer inneren Zerstörung führen. Die Linse des Auges verliert ihre Elastizität, Knorpel werden faserig und hart, es lagert sich immer mehr zähes Bindegewebe anstelle lebendig funktionierender Organteile ab, im Gehirn veröden Nervenzellen, im Körper kreisen räuberisch gewordene Gebilde, die ihn von innen aufzehren, die wunderbaren Verspreizungen im Innern der Knochen werden abgebrochen, und schon dadurch werden die Knochen brüchig, in den Arterienwandungen wird toter Kalk abgelagert, immer mehr wird durch alle diese Missstände die normale Lebenstätigkeit erschwert, bis eines Tages ganz von selbst, ohne Krankheit der „Ausgleich" nicht mehr möglich ist und des Lebens Uhr stillsteht. Das Alter mit seiner Disharmonie selbst ist wie eine Krankheit. So wie auch die Disharmonie der ersten Jugend dem Organismus keine Dauer verleiht und ihn zur Entwicklung zwingt.

Wieder leitet da der Harmoniegedanke zu einer ganz neuen und ungewohnten Einsicht. Der werdende Organismus, der Embryo, ist von einer auffälligen unharmonischen Gestaltung. Der viel zu große, in der Entwicklung vorausgeeilte Kopf, die zu kurzen, geradezu stummeiförmigen Gliedmaßen, der aufgetriebene Unterleib entfernen die werdende Menschengestalt tatsächlich weit vom Goldenen Schnitt. Aber diese Gestalt ist denn auch keine dauernde. Gerade in den frühesten, disharmonischsten Stadien bleibt der Embryo aber auch nicht eine Stunde in seiner Form; ein ungeheurer Entwicklungsdrang arbeitet in ihm. Schon zur Zeit der Geburt ist bis auf den zu großen Kopf annähernd das Ebenmaß im Vergleich zu den embryonalen Stadien erreicht, aber auch dann ruhen Wachstum und Änderung nicht, Sie dauern bis zum 21. bis 24. Jahr, nämlich genau so lange, bis im zum Mann gereiften Jüngling und der vollerblühten jungen Frau der Kanon vollendeter menschlicher Schönheit, das heißt der Goldene Schnitt erreicht ist.

Das ergibt die Gleichung Harmonie = Dauer und Disharmonie = Entwicklung, Änderung. Sie ist in jeder wünschenswerten Weise bewiesen und lässt sich, wenn man nun erst den Einzelheiten nachgeht, im ganzen Getriebe des Lebensablaufes und der Erkrankungen immer wieder verfolgen. Es geht die Gültigkeit dieses Gedankens sogar über den Kreis des individuellen Lebens hinaus und scheint auch so fernliegende Zusammenhänge zu erklären, wie die Tatsache, dass nicht nur alle Lebenden bisher gestorben sind, sondern auch alle Geschlechterketten der Tier- und Pflanzenarten sterben. Bekanntlich hat sich im Lauf der Erdgeschichte ein großer Wandel der Lebensformen vollzogen. Die urweltlichen Gefilde, der Steinkohlenwald, die Dickichte der Riesenschachtelhalme mit ihren Drachenbewohnern, das Kreidemeer mit seinen abenteuerlichen Tiergestalten, die Tropenwelt der Braunkohlenzeit, in der riesige Säugetiere schritten, gegen deren Ausmaße die heutigen fast zwergenhaft anmuten, das alles war von ganz anderen Lebensformen besiedelt, als die Erde heute trägt, und wenn man die Zahl der gesamten Tier- und Pflanzenarten zusammen auf etwa 8,7 Millionen[16] schätzt (Stand 2011), so ist davon ein ganz namhafter Teil schon längst ausgestorben. Diese Tatsache wirft ein düsteres Licht auch auf die Zukunft des Menschengeschlechtes, denn wenn die ganze Artenvielfalt gleich

---

16 Quelle: http://www.zeit.de/wissen/2011-08/arten-existenz-lebewesen

den Blumen im Feld aufsprießt und Arten auch wieder vergehen, ist der Schluss geradezu zwingend, dass auch unserem Geschlecht kein anderes Schicksal bevorsteht. Deshalb hat denn auch die Forschung alle Aufmerksamkeit der Frage nach der Ursache dieses Aussterbens gewidmet. Der sogenannte Artentod ist eines der wichtigsten und auch interessantesten Probleme der gesamten Naturforschung geworden, denn er berührt uns unmittelbar. Sind wir von ihm ausgenommen, ja, ist auch nur Aussicht, dass der Mensch eine „langlebige Art" sei, dann haben wir uns vielen Fragen gegenüber ganz anders einzustellen, wie wenn das Erlöschen des Menschentums vor der Tür stünde. Es gibt nämlich lang- und kurzlebige Arten, und die Unterschiede zwischen beiden umspannen wahrhaft unermessliche Zeiten. Ganz langlebig sind zum Beispiel gewisse Kleinpflanzen (eben die so wunderbar vollkommen angepassten Kieselalgen), Meereskleintiere, gewisse Muscheln und Tiefseetiere; höchst kurzlebig waren gewisse Saurierarten, Riesensäugetiere, offenbar auch die Menschenaffen, die erst in der vorletzten Entwicklungsperiode entstanden und gegenwärtig auch ohne Zutun der Menschen in vollem Aussterben begriffen sind.

Untersucht man diese „kurzlebigen Arten" näher, so findet man nun durchgängig, dass ihr Aussterben (nämlich gesteigerte Zahl der Todesfälle und sinkende Geburtenziffer) stets mit einer Entwicklungsrichtung zusammenfällt, die sie von der harmonischen Anpassung nach innen und außen entfernt. Einseitigkeiten, die dem „Goldenen Schnitt" des Gesamtlebens widersprechen, wirken „Artleben verkürzend". Da wäre der Riesenwuchs der Saurier, von denen gewisse

Eine ausgestorbene Tierart: Die Rekonstruktion eines Panzerdrachens (Stegosaurier). Die ungeheuren Knochenplatten des Rückenkammes machen das Tier zu schwerfällig. Man beachte den disharmonisch winzigen Kopf.

Formen sich zu 30 bis 50 Metern langen Fleischbergen entwickelten, deren winziger Kopf disharmonisch zu dem enorm angeschwollenen Leib passte, die zu schwerfällig und plump, um dem Kampf ums Dasein noch gewachsen sein zu können, es geradezu selbstverständlich erscheinen lassen, dass die Lebenslinie mit solchen Monstrositäten abbrach. Harmonischer gestaltete und nicht so einseitig angepasste Saurierformen haben das große Aussterben der Saurier überlebt und Eidechsen, Warane, Kragenechsen, Krokodile bevölkern heute noch die Erde und sind von keinem Artentod bedroht.

Dieselbe Erscheinung kehrt wieder bei den vorweltlichen Kopffüßlern oder den Riesensäugetieren der Vorzeit. Wenn einmal in Größe und einseitig gerichteten Anpassungen der Ausgleich und auch die ebenso notwendige harmonische Anpassung an die Umwelt gestört war, konnten diese Lebewesen nicht mehr bestehen, sobald ein Klimawandel oder eine der großen Meeresüberflutungen sie vor neue Aufgaben stellten. Kommt es zu solchen, verraten dann die Funde ein Massensterben. In unglaublich kurzer Zeit, gemessen an der langen Linie der Geschlechter, die vorangegangen sind, erfolgt der Zusammenbruch ihrer Art. Aus der allgemeinen Katastrophe bleiben in solchen Fällen, deren die Vorweltforschung viele Dutzende kennt, stets nur harmonisch gestaltete und auch so lebende, eben im besten Sinne des Wortes „mittelmäßige" Formen übrig, die dann sehr lange Zeiten hindurch des Lebens Faden fortspinnen können, allerdings auch merkwürdig formenstarr und entwicklungsunfähig zu sein pflegen.

So sind aus dem Zusammenbruch des Ammonitenvolkes nur ganz wenige Arten von beschalten Kopffüßlern übrig geblieben, deren Schalen wenigstens gemein bekannt sind, da man sie als Vasen, Becher und Ziergegenstände in das Kunstgewerbe einbezogen hat, nämlich die Nautilustintenschnecken. Das Aussterben der tausendfältig gestalteten großen Ammoniten ihrer Verwandtschaft erfolgte in der Kreidezeit, nachdem sie kaum drei Erdperioden überlebt hatten, die Nautilusschnecke[17], der letzte Mohikaner aber lebt heute noch, also seit abermals drei Erdperioden so lebenskräftig, dass ihm gewiss noch eine lange Dauer seiner Art prophezeit werden kann. Nur weitergebildet hat er sich in der ganzen langen Zeit seitdem nicht.

Diese Untersuchungsergebnisse muss jeder Mensch mit tiefem Bedacht lesen. Denn hier wird im Buch der Wirklichkeit ganz deutlich auch über sein Wohl und Wehe geschrieben. Es wird ihm, so wie in der Sprache seinen eigenen Körpers auch hier gesagt, dass ein harmonisches Leben, Vermeidung von Ein-

---

17 Die wesentlichen dieser Forschungen sind auf denkerischem Gebiet geleistet worden und niedergelegt in den Werken: R, France, Bios, Die Gesetze der Welt, 2 Bde. Leipzig, 3. Aufl. 1930, und R. France, Die Welt als Erleben. Versuch einer O. P, Dresden. 8°. Die Gültigkeit des Funktionsgesetzes auf dem Gebiet der Biotechnik ist erwiesen von R. France, G. Lilienthal, A. Wagner, Herig und T h. Zell. (Vgl. France, Die technischen Leistungen der Pflanzen. Berlin. 8°. — G. L i l i e n-t h a l, Biotechnik des Fliegens. Leipzig. 8°. — T h. Zell, Werkzeuge in der Tierwelt, Leipzig, 8°. — H e r i g, Menschenhand und Kulturwerden. Weimar. 8° 1929. Die Bedeutung des Harmoniegesetzes in Kunst und Kunstgewerbe ist in zahllosen Werken nachgewiesen seit A. Dürer, neuerdings von Zeising, Zederbauer, Göringer etc., (vgl. Fußnote S. 57) und R. Engelhardt (vgl. Fußnote S. 62); auch in R. E n g e l h a r d t, Die Harmonie im Kunstgewerbe, Leipzig, 8°. Das Harmoniegesetz als Weltgesetz behandelte mein Bioswerk sowie besonders Zederbauer und Göringer. Die Bedeutung des Harmoniegesetzes und der Funktionsgesetze in der Kulturgeschichte und Prähistorie behandeln: R, France: München, Die Lebensgesetze einer Stadt, 2. Aufl. Leipzig. — R. France, Die Wage des Lebens, 3. Aufl. Heidelberg. — R. France, Der Weg zur Kultur. 21. Aufl. Leipzig. — A. France-Harrar, Die Kultur von Alteuropa. Berlin 1930. — Das Verhältnis des Harmoniegesetzes zum religiösen Problem behandelt B. Ernst, Der Harmoniegedanke und das Christentum. Heilbronn 1927. — Der Einfluss von Harmonie auf Lebensführung und Ernährung ist untersucht in: R. France, Richtiges Leben. Leipzig. 8°. — A. France-Harrar, Die Ehe von morgen. Leipzig, 8°, — N, Clemm. Richtige Ernährung. Heilbronn. 8°. 1928.

seitigkeiten sowohl nach der intellektuellen wie nach der körperlichen Richtung hin, die sicherste Garantie nicht nur für den Bestand des Einzelnen, sondern auch für den der Menschheit ist.

XI.   DER KREISLAUF IM WELTSYSTEM

Man kann oft die Bemerkung hören, dass die Astronomie, gemessen an den ungeheuren Fortschritten, die sie in ihrem klassischen Zeitalter getan hat, allmählich eine erstarrende Wissenschaft geworden sei. Welches Leben herrschte in ihr zu Zeiten eines Galilei, Kepler, Kopernikus und auch noch im 19. Jahrhundert, als man mit den verbesserten Methoden der Neuzeit, mit Himmelsfotografie und Riesenteleskopen den Wirklichkeiten des Kosmos nahekam, während jetzt nur mehr eine Art Nachlese, gewisse kleine Verfeinerungen möglich seien und alles wirklich Grundlegende schon getan ist. Wer so denkt, tut aber der astronomischen Wissenschaft Unrecht. Gerade in unserer Generation ist sie im Begriff, einen ganz umwälzenden Fortschritt der Begriffe zu erarbeiten. Es vollzieht sich das nur in der Stille der Observatorien, und weil es sich — wenigstens bisher — nicht unmittelbar in eine technische Neuerung hat umarbeiten lassen, wie etwa die moderne Elektrophysik im Rundfunk, Fernsehen und Mobiltelefon, bemächtigt sich dieser Dinge nicht das Tagesinteresse. An Wert für das Verständnis des Lebens sind aber die neuen Ergebnisse der Himmelsforschung jenen technischen Fortschritten wohl ebenbürtig, wenn nicht überlegen.

Die eine große Erkenntnis ist die von der durchgängig harmonischen Verteilung der Massen im Weltraum. Unser Sonnensystem ist, wie man seit etwa 250 Jahren weiß, nach dem Gesetz der harmonischen

Reihen aufgebaut (vergleiche Seite 68), und dieses Gesetz kehrt auch in den Umlaufszeiten der Wandelsterne und außerhalb unseres Sonnensystems am Fixsternhimmel wieder. Dass die irdische Natur so reichlich die Verhältnisse des Goldenen Schnittes aufscheinen lässt, ist gleichsam nur der Abglanz des harmonischen Baues des Weltalls, an dem, da er ja nicht durch Hypothesen erschlossen wurde, sondern durch Messen, Vergleichen und Beobachten, kein Himmelskundiger mehr zweifelt.

Es ist also der Bau des Weltalls das größte aller Beispiele eines harmonischen Systems, und so müssen die großen Gesetze, die von ihm abgelesen werden, auch für die kleineren gelten, so etwa wie man zum Beispiel die großen Erscheinungen, die man an einem Riesenwasserfall, sagen wir dem Rheinfall, klar und durch ihre großen Ausmaße deutlich beobachten kann, auch dann in dem kleinsten in Kaskaden dahinplätschernden Rinnsal wiederfinden muss. In unserem gewählten Beispiel also das allmähliche Zurückweichen des Wasserfalles gegen die Strömungsrichtung oder das Eintiefen des Flussbettes. Im kleinen Waldbach hat dieselbe Erscheinung so winzige Ausmaße, dass sie übersehen wird, jedenfalls nicht so leicht in Ursache und Wirkung zu durchschauen ist, wie im gewaltigen Rheinbett, das sich jedes Jahr wohl messbar einsenkt und seinen Fall zurückverlegt.

In diesem Sinn musste uns der Himmel zum Lehrmeister für Irdisches werden, und diese Lehre ist nun einer der allergrößten Fortschritte, welche die moderne Astronomie dem menschlichen Denken gebracht hat.

Das Neue, das damit gegeben war, bezeichnet man als die Erkenntnis vom Kreislauf am Himmel.

Diese Erkenntnis geht, wenngleich nicht ausschließlich, auf den schwedischen Gelehrten Svante Arrhenius zurück, wenn sie auch wie alle großen Gedanken der Menschheit ihre lange Vorgeschichte und eine Reihe Vor- und Nachentdecker hat. Diese Vielheit ist auch ganz gut, denn sie sichert doch die Richtigkeit und Zuverlässigkeit des Wissens.

Man gelangte zu diesem Kreislaufgedanken durch Vergleichung der Bilder, die sich am Himmel zeigen. So wie man durch Vergleichung der Erde mit den anderen Planeten zur Überzeugung kam, dass jene Schwestern unseres Planeten sein müssen, nur teils frühere, teils spätere Stadien einer eigenen Entwicklung spiegelnd. Oder wie man durch Vergleichung der Sonne mit den Fixsternen die unumstößliche Gewissheit erlangt hat, dass alle Fixsterne Sonnen, nur wieder in verschiedenen Stadien sind. Ein Sechstel aller Sonnen sind da zunächst Doppelsonnen, woraus hervorgeht, dass die Verhältnisse unseres Sonnensystems den „häufigsten", also den Normalfall der Sonnenweltstruktur spiegeln, dass von ihnen mithin wohl mit Recht auf die Verhältnisse des Ganzen geschlossen werden kann. Auch der sogenannte „Weiße Stern-Zustand" unserer Sonne ist der weitaus häufigste Fall, der am Fixsternhimmel zu beobachten ist. Es gibt außer ihm, wie die Beobachtung zeigte, gelbe, rote, sogar dunkle Sterne und die letzteren scheinen sogar so zahlreich zu sein, dass leuchtende und erloschene Himmelskörper im Weltall sich etwa die Waage halten. Dagegen scheint unsere Sonne in

Bezug auf ihre Größe an den unteren Grenzen zu stehen, es gibt unendlich größere Giganten als sie im Weltraum, allerdings auch Zwergensonnen von noch kleineren Ausmaßen. Trotzdem dürfte man weniger fehlgreifen, wenn man sagt, dass sie auch in dieser Beziehung ein „Mittel" darstellt, als mit dem Gegenteil.

Der Vergleich der Sonnenzustände mit irdischen Erfahrungen brachte zur Überzeugung, dass die verschiedenfarbigen Sonnen Ausdruck eines Vorganges, und zwar der einer erkaltenden Glut sind. Glühende Massen senden auch auf der Erde zuerst weißes Licht, dann, bei Abnahme der Hitze gelbes, später rotes Licht aus; ausgebrannt dagegen erscheinen sie dunkel. Da sich im Himmelsraum chemisch die gleichen Stoffe nachweisen ließen wie in der irdischen Natur, auch die gleichen Bewegungsgesetze und physikalischen Kräfte und Vorgänge wie auf Erden, widerspricht nicht das geringste, dass man irdische Erfahrungen auf den Himmel überträgt, wenn die Erscheinungen gleich sind. Also steht mit jeder wünschenswerten Erfahrungssicherheit fest, dass die verschiedenen Sonnen den Vorgang allmählicher Abkühlung, eine Entwicklung in bestimmter Richtung darstellen. Aus heißeren werden temperierte Himmelskörper, aus leuchtenden Sonnen dunkle. Was im Einklang damit ist, dass auch die Planeten und ihre Trabanten allmählich abkühlen, wobei unsere Erde wieder einen gewissen mittleren Zustand verkörpert.

Nun schweben am Himmel nicht bloß Sonnen, sondern auch Nebel, und zwar, wie sich neuerdings gezeigt hat, in unerhörter Anzahl. Wieder scheint die

Masse der Nebel der der geformten Himmelsgebilde die Wage zu halten. Und wieder zeigt der Vergleich, dass auch die Nebel sich in verschiedenen Zuständen befinden. Ungeformte, lockere Massen und spiralig gedrehte, solche ohne Mittelpunkt, zahlreiche mit festem Kern, wahre Sonnen mit dünnen Nebelhüllen, dunkle, glühende, hell leuchtende und schwach glimmende Nebel, alles ist in reicher Auswahl da und zwingt zur Rekonstruktion des Vorganges, dass dunkle Nebel aufglühen, dass Bewegungen in ihnen auftreten, durch die sich ein festerer Kern ausbildet, der, eine Zeit lang noch von Nebeln umgeben, zu einer „weißen" Sonne wird, später die Stadien der gelben und roten Sonne durchläuft, bis er nach Ausbildung eines Sonnensystems (schon die Doppelsterne und ihre dunklen Begleiter deuten darauf) zur „dunklen Sonne" wird.

Soweit lässt sich durch unmittelbaren Vergleich eine ungeheure Kette von Vorgängen am Himmel feststellen. Wenn man diese Bilder ordnet und den Zustand der weißglühenden Sonne etwa als ihren Höhepunkt ansieht, kann man sagen, man habe fast zwei Drittel eines Kreises auf diese Weise festgelegt, wie es die beistehende Skizze zeigt:

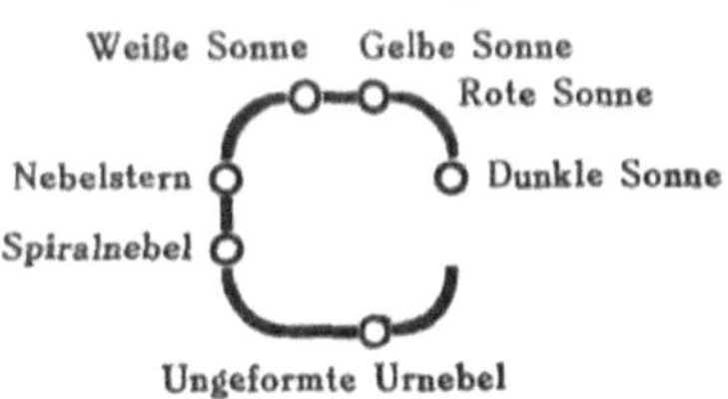

Zwangsläufig drängt da alles zu der Annahme, dass zwischen dunklen Sonnen und Urnebeln eine Verbindung bestehen müsse. Wenn der holländische Astronom Kapteyn gefunden hat, dass die Sterne um so zahlreicher sind, je weniger Leuchtkraft sie besitzen, muss daraus geschlossen werden, dass der Weltraum mit ungeheuren Massen Dunkler Materie erfüllt sein muss. Er hat in wahrhaft genialer Weise uns diese Überzeugung beigebracht, indem er davon ausging, zu beobachten, wie viele Sterne von verschiedener Helligkeit in einer Kugel um die Sonne da sind, deren Halbmesser mit 560 Lichtjahren angenommen wurde. Da zeigte sich, dass in dieser Kugel überhaupt nur ...

- 1 Stern die Helligkeit von über 10.000 Einheiten besaß;

- 26 Sterne hatten eine Helligkeit von 10.000 — 1000 Einheiten;

- 1300 Sterne eine solche von 1000 — 100 Einheiten;

- 22.000 Sterne eine Helligkeit zwischen 100 — 10 Einheiten;

- 140.000 Sterne eine Helligkeit zwischen 10 — 1 Einheiten.

Daraus folgte zwingend, dass es noch weit mehr Himmelskörper geben muss, die überhaupt nicht mehr strahlen. Tatsache ist auch, dass es sich durch direkte Beobachtung hat erweisen lassen, dass dunkle und leuchtende Nebel in unermesslicher Anzahl vorhanden sind. In einem so kleinen Kreis, wie ihn die Mondscheibe bedeutet, zählte man oft bis gegen 130 leuchtende, und wieder hat sich ergeben, dass auch hier die dunklen die Überzahl haben.

Es sind nun auch dreierlei Erscheinungen beobachtet worden, welche die Lücke zwischen diesen dunklen Nebeln und dunklen (also erdhaften) Sternen schließen, und das sind die Himmelskatastrophen, die Meteoriten und der kosmische Staub, der auf die Erde fällt. Himmelskatastrophen beobachten die Sternwarten nur allzu häufig. Sie tragen sie als „Nova-Sterne" in ihre Archive ein[18] und haben den Vorgang oft als ein allmähliches oder ganz rasches, riesiges Aufleuchten und ebenso rasches Verschwinden festgestellt, wobei dann manchmal ein Himmelsnebel den Ort der Weltkatastrophe andeutet, die man wohl am besten als Zusammenstoß kosmischer Massen deutet.

Dass Sterne zugrunde gehen, dafür hat man jeden nur wünschenswerten Beweis, denn man kann ihre Trümmer in die Hand nehmen. Als Sternschnuppen deutete das Volk sich schon von jeher die durch Reibung in der Lufthülle glühend gewordenen Splitter zugrunde gegangener Weltkörper, die oft noch als Meteoriten auf die Erde fallen. Manchmal sind sie sehr groß, wie jener berühmte in Sibirien, der dort bei seinem Aufprall einen ganzen Mondkrater schuf, oder „der eiserne Berg" von 40.000 Kilogramm Eisengehalt, der im Jahre 1818 in Grönland entdeckt wurde; meist

---

18 Nova-Sterne, schon seit dem Altertum bekannt (zum Beispiel aus Babylon, von Hipparch beschrieben), wurden zunächst in jedem Jahrhundert mehrfach (1006, 1012, 1203, 1230, 1260 und so weiter) beobachtet, heute erwecken sie als immer wiederkehrende Himmelserscheinung keinerlei öffentliches Aufsehen mehr, außer sie fallen durch besondere Lichterscheinungen auf, so etwa „Nova-Persei" im Jahre 1901.

aber sind es nur geringe, manchmal sogar nur kopf- oder faustgroße Trümmer oder gar nur Staub, wie er übrigens ständig aus den Himmelsfernen auf die Erde niederregnet. Die Erde nimmt täglich 100 bis 200 Tonnen von „Sternschnuppen" auf, die bekanntlich an manchen Tagen (9. bis 12. August und 7. bis 14. November) so zahlreich sind, dass man in einer Stunde bis 75000 Sternschnuppen zählen konnte. Solche Schwärme sind ein Anzeichen, dass ein zerfallenes, größeres Himmelsgebilde dann die Bahn der Erde kreuzt. Man stellt sich da vor, es sei hier noch ein weiter fortgeschrittener Zerstörungszustand eingetreten, wie auf den sogenannten Planetoiden, die, 700 an der Zahl, zwischen Mars und Jupiter die Sonne umkreisen und nichts anderes sein können als die Trümmer eines einzigen großen Planeten, der dort einst seine Bahn zog.

Jedenfalls lässt sich nach alledem nicht mehr daran zweifeln, dass dem Werden im Weltraum auch ein Vergehen gegenübersteht, ein Abbau, der bis zum „kosmischen Staub" reicht, demselben Staub, der auch in vielen Himmelsnebeln festgestellt wurde. Dieses Wissen schließt die Lücke im Himmelskreislauf; zwar nicht absolut, aber doch mit hoher Wahrscheinlichkeit, dass es wohl erlaubt ist, Arrhenius und seinen zahlreichen Bestätigern recht zu geben und zu sagen, das harmonische Weltsystem sei in einem steten Kreislauf seiner Erscheinungen begriffen, der ihm, wie nun leicht einzusehen ist, seine Ewigkeit sichert. Denn Dauer kann ja nur durch einen Kreislauf im Geschehen, durch Aufbau und Abbau erreicht werden, und wenn wir für etwas Ewiges, absolut Dauerndes in unserer ganzen Erfahrungswelt Anzeichen haben, so ist das der Kosmos als Ganzes. Das Irdische vergeht, aber es geht in einem ungeheuren Kreislauf auf, der allem was da ist, auch uns und unserem Wollen in irgendeiner Form die Wiederkehr sichert.

In dieser erhabenen und tröstlichen Gewissheit mündet die Forschungsarbeit der neueren Astronomie und man wird zugeben müssen, dass dies ein Resultat ist, dem an weittragender Bedeutung keine ihrer frühen Leistungen nahekommen kann. Sie alle waren nur Vorarbeiten zu dieser Bekrönung, die, wenn sie eines Tages mit mathematischen Gewissheiten abgeschlossen sein wird, die Astronomie tatsächlich wieder zu jener „Königin aller Wissenschaften" erhebt, als die sie einst gepriesen wurde. Naturwissen hat sich dann zur Höhe philosophischer Einsicht emporgeschwungen, denn es ist aller tiefste und praktisch brauchbarste Lebensweisheit, wenn es bewiesen ist, dass vollkommene harmonische Systeme zu ihrer eigenen Unvergänglichkeit führen.

*

Ergänzende Hinweise:

So wie oben am Himmel, gibt es auch im Weltsystem der Biologie einen Kreislauf. Es ist das biologische Regulationssystem, das die biologischen Aktivitäten der Lebewesen reguliert. Hier soll nur die zusammenfassende Beschreibung wiedergegeben werden, wie man sie im Buch „Kleines Wörterbuch der Naturphilosophie" von K.-D. Sedlacek findet.

Biologische Regulation: Steuerung biologischer Aktivitäten; Regulationsmechanismen bzw. Regelkreise innerhalb eines Organismus.

Der Regelkreis stellt ein universelles Prinzip dar und kommt immer dann vor, wenn ein Ziel (Normalwert) oder ein Gleichgewicht angestrebt wird, das sich aufgrund von Störeinflüssen oder infolge labiler bzw. indifferenter Gleichgewichtssysteme nicht von alleine einstellt.

Ein biologisches System bleibt nur deswegen intakt, weil vorhandene Regelkreise lebensgefährlichen Störeinflüssen entgegenwirken. Zum Beispiel erreicht eine mit Geißeln ausgestattete Mikrobe höchstens zufällig den Ort der Futtersubstanz, würde seine Fortbewegung trotz aller Störeinflüsse nicht durch einen Regelkreis immer wieder zum Zielort ausgerichtet.

Ein Regelkreis benötigt mindestens drei Komponenten, um zu funktionieren. Einmal den Regler selbst, der durch Steuerungsinformationen in Form elektrischer oder biochemischer Signale oder durch Licht und Quantenverschränkung Sorge dafür trägt, Zielwerte korrekt anzusteuern. Zielwerte sind entweder abgegriffene Normalwerte eines biologischen Systems oder auch Metazielwerte des Zellverbandes, dem eine Zelle angehört. Eine zweite, wichtige Komponente eines Regelkreises schließt die Gruppe der Effektoren ein, die den Zustand eines Systems ändern kann. In Zellen und Zellverbänden werden diese Stellglieder aktiviert durch Veränderung der Zellaktivität und der Durchlässigkeit der Zellmembran. In vier Bereichen besteht eine Möglichkeit, Änderungen vorzunehmen:
    1. Stoffwechselaktivität
    2. Reproduktionsaktivität
    3. Sekretionsaktivität (z. B. Hormonproduktion)
    4. Aktivitätsänderung der Muskelzellen
Damit der Regler überhaupt sinnvolle Steuerungsinformationen für die Effektoren ausgeben kann, benötigt er Informationen über den aktuellen Zustand des Systems. Diese Informationen liefern ihm in biologischen Systemen die Rezeptoren. Um den Regelkreis komplett zu machen, bedarf es noch des Informationsaustausches zwischen den drei Komponenten. Unserer bisherigen Erkenntnis nach erfolgt der Informationsaustausch elektrisch (Nervenzellen), biochemisch (etwa durch Hormone), durch Licht oder durch Quantenverschränkung. Jede dieser Formen ist gleichzeitig mit einer Energieübertragung verbunden.

XII. WAS IST EIN WALD?

Wenn wir die in dem vorigen Abschnitt erhärtete Tatsache, dass das Weltall ein harmonisches System ist, das sich durch Kreislauf seinen Bestand sichert, als Prämisse nehmen, so dürfen wir mit allen Rechten der Logik daraus die Folgerung ableiten, dass überall, wo wir in harmonischen Systemen Kreisläufe wahrnehmen, wir darauf schließen dürfen, dass diese zu großer Vollkommenheit aufgestiegen sind, ihren Ausgleich gefunden haben und dem Weltgesetz nahekommen.

Es steht uns Menschen nun ein bestimmtes harmonisches System besonders nahe, nicht nur, weil wir selbst in ihm eingeordnet sind, sondern weil es auch in allen seinen Einzelheiten besonders leicht zu durchschauen ist, und das ist nichts anderes als unser heiliger, vertrauter deutscher Wald.

Was ist ein Wald? Das erscheint als eine höchst überflüssige Frage. Jedermann glaubt, sie ohne Weiteres beantworten zu können und ich bitte auch jeden meiner Leser, dies zu tun. Ich freue mich im voraus darauf, wie man stocken wird. Die Versuchspersonen, denen ich die Frage vorlegte, sagten: Ein Wald, das sind ... Bäume. Viele Bäume. Im Wald gibt es Beeren. Man kann Wild schießen darin, Holz gewinnen. Andere, mehr dichterisch Veranlagte meinten: Der Wald sei die Urnatur, ein Erholungsort. Keiner sagte das, was der Wald wirklich ist: eine nach bestimmten Gesetzen geordnete Lebensgemeinschaft, eine aus Bodenvorgängen, Tier- und Pflanzenleben aufgebaute höhere Einheit.

Man sah buchstäblich auch diesmal den Wald vor Bäumen nicht. Damit ist aber der allgemeinen Bildung eine der wertvollsten und merkwürdigsten Erkenntnisse noch verschlossen.

Allerdings muss man zu ihrer Entschuldigung bedenken, dass kaum einer von uns jemals einen Wald gesehen hat. Gesehnt hat sich schon jeder danach, aber das Wochenende, die Sommerreise, selbst die Bergwanderung entlässt jeden doch nur in mehr, meistens sogar nur in weniger urwüchsige Forste, die ein ganz gewaltiger Unterschied zu einem natürlichen Wald, meistens sogar sein wahrer Gegensatz sind.

Wald ist immer und überall auf Erden nur das, was man einen „Urwald" nennt, und bekanntlich gibt es solche auf mitteleuropäischem Boden nicht mehr. Oder doch nur auf so winzigen Fleckchen, dass auch trotz aller Schonung sich dort keineswegs die vollen „Waldgesetze" entfalten können. Der berühmteste, wohl auch größte aller europäischen Urwälder, ist der sogenannte Kubaniuwald bei Eleonorenhain in Böhmen; andere urwaldartige Bestände grünen am Arber im Bayrischen Wald, in einzelnen versteckten Winkeln der Alpen und Karpaten, die schönsten und bedeutendsten sah ich noch in Dalmatien und Bosnien, wo sich im Hinterland eine Urwelt auftut, von deren exotischer Wildheit der Mitteleuropäer sich gar keine Vorstellung machen kann. Die anderen, des öfteren erwähnten Urwälder auf deutschem Boden, wie etwa der Hasbruch in Oldenburg oder der Habichtswald bei Kassel, sind für den Kenner wirklicher Natur nur recht hübsche, urwüchsigere Stellen, aber kein Rest stehen gebliebener deutscher Urwelt. Im Ganzen gerechnet: Noch nicht ein Tausendstel der mitteleuropäischen Waldfläche ist natürlich geblieben — praktisch genommen: Es gibt überhaupt keinen Wald mehr.

Um einen solchen zu sehen, muss man in Sibirien gewesen sein oder in Kanada und Alaska, oder unter tropischen Verhältnissen im südlichen Indien, in Ceylon, auf den Smaragdinseln des Stillen Ozeans, im australischen Scrub oder im Wald aller Wälder, im großen Amazonaswald oder im Kongo-Urwald. Immerhin, wenn Europa zehn Millionen Quadratkilometer Fläche bedeckt, dann nehmen die „Wälder" der Erde gut 37 Millionen ein (Stand 2005)[19], es verschwindet also das „Forstgebiet" in Wirklichkeit doch weitgehend vor der unberührten Natur, und die Erde als Ganzes genommen, ist immer noch — soweit sie nicht Wasser und Wüste ist — ein Urwaldplanet (ca. 30 Prozent der Landfläche), eine Vorstellung, die uns wahrlich ungewohnt und neu genug ist. Allerdings verschwinden jedes Jahr 145 Tausend Quadratkilometer Urwald durch Abholzung und Umbau in landwirtschaftliche Flächen.

Was aber ist im Gegensatz zu naturwüchsigen Wäldern ein Forst? Es ist nicht ganz leicht, sich das klarzumachen, denn es gibt ja merkwürdigerweise

19 Quelle: http://www.zeit.de/wissen/umwelt/2011-11/fao-zahlen-bewaldung

auch keine ganzen reinen Forste und heute weniger denn je, da jeder einsichtige Förster und Waldbesitzer trachtet, seinem Forst immer mehr „waldähnliche" Züge aufzuprägen.

Der ideale Forst wäre ein Holzgarten, eine Baumzuchtanstalt, frei von tierischem Leben, ohne Unterholz, Gebüsch, Kräutern und Blumen, in dem gerade, schlanke Stämme wie die Masten stehen, gereinigt von überflüssigem Astwerk, ohne Individualität, schon im Leben vorgezeichnet als langschäftiges Bauholz und wohlsortiert, in diesem Schlag die überwiegend brauchbaren Fichtenstämme, dort die Kiefern, da die forsttechnisch stark zurücktretenden, weil durch langsamen Wuchs weniger rentablen Buchen, Eichen und Linden. Jeder Baum hat seine Nummer, unter der seine geschäftlichen Schicksale gebucht sind, seinen wohlberechneten Jahreszuwachs und ein vorgezeichnetes Schicksal gleich einem Zuchthuhn. Man vergleiche nun den „Wald" seiner Erholung mit diesem Schema, und man wird daraus ermessen können, wie viel wald- und forstähnliche Züge sich in ihm mischen.

Denn ganz reine Forste herzustellen, gelingt nicht und eine Zeit hindurch bedauerte die Holzindustrie das ungemein. Heute hat sie umgelernt und duldet mit wohlberechneter Absicht einen großen Prozentsatz natürlichen Wesens im Forst, weil sie bemerkt hat, dass dadurch auf die Dauer die Waldrente doch höher ist als in reinen Forsten.

Es hat sich nämlich herausgestellt, dass der Baum — auf den es doch dem Forstamt ankommt — nicht richtig gedeihen kann ohne eine Reihe Begleiter. Er braucht zunächst unterirdische Lebensgenossen. Man hat da zuerst erkannt, dass die Waldpilze, die bekannten Fliegenschwämme, Steinpilze, Stockschwämme und so weiter mit den Baumwurzeln verwachsen sind und diesen Wasser und wohl auch Eiweißstoffe liefern. Ganz genau sieht man da noch nicht hinein. Aber man weiß: Rottet man diese Waldpilze aus, würde das Wachstum der Bäume stocken. Bei Versuchen sind die Bäume ohne Pilzwurzeln sogar abgestorben. Dann hat sich gezeigt, dass auch die Pilze nicht für sich bestehen können. Sie brauchen die Bäume und sind außerdem auf das Vorhandensein kleiner Bodenlebewesen angewiesen. Die müssen Humus erzeugen, damit Pilze und Bäume wohl gedeihen können, denn vom Humus leben beide[20]. Wieder ist ein untrennbares Band geknüpft, dessen Zerreißung das Ende des Waldes bedeuten würde. An keiner Stelle der Erde hat auch nur je ein Baum ohne Humus leben können und nirgends ist auch nur ein

---

20 Die Zusammenhänge zwischen Pilzwurzel (Mykorrhiza), Pilzen und Wurzeln, wobei nicht nur Bäume, sondern fast die gesamten Waldvegetationen in Betracht kommen, sind seit Frank jeden Zweifel ausschließend geklärt. Weniger klar, weil erst seit wenigen Jahrzehnten studiert, sind die Bindungen zwischen Bodenpilzen und dem übrigen Edaphon (Sammelname sämtlicher Humus umsetzender Bodenorganismen). Sichergestellt aber ist auch hier ein System von Wechselbeziehungen zwischen Bodenbakterien und Stickstoffzehrern, Bodenalgen und Rhizopoden, Nematoden, Rädertieren, Tardigraden, sowie den Lumbriciden und Bodenminutien der Insektenwelt, Collembolen, Myriapoden und so weiter, die durch mechanische Durcharbeitung, Zerkleinerung, Durchlüftung einerseits, andererseits durch Stickstoffspeicherung, Nitrifikation und ihre eigene Körpersubstanz als „Lebensgebiet" der anderen, zusammen den „Humus" schaffen. Dieser stellt als ökologisches System gleichsam noch einen „Wald im Wald" dar.

Krümelchen Humus entstanden ohne Bodenorganismen und Pilze. Diese beiden aber hätten kaum etwas zu zersetzen und umzuwandeln, wenn ihnen nicht Helfer erständen in den „Waldbegleitern" und den Insekten. Nur der reichliche Wuchs von Moosen, Waldkräutern und Büschen schafft jene rasch entstehende und auch rasch vergängliche Vielheit von Lebenssubstanz, die in ihrer Umwandlung zu fruchtbarer Erde „Humus" heißt. Wenn nicht im Unterholz und Gekraut des Waldes die Vögel nisten, die Schnecken das welke Laub zerraspeln, die Raupen und Käfer die grünen Blätter zernagen würden, dann gäbe es weit weniger Abfall und „Waldstreu." Würde nicht ein Heer von Insekten, Tausendfüßlern, Milben und Würmern die Rolle der „Totengräber" übernehmen und dafür sorgen, dass alles Gestorbene, aber auch wirklich jede vorübergelebte Pflanze und jedes gefallene Tier zernagt, begraben, mit dem Waldmulm vermengt, in die große Masse des Humusbodens einverleibt würde, dann wäre der Waldboden ein gemeingefährlicher, übler Sumpf des Todes, statt des gesündesten, von Wohlgeruch durchströmten idealen Erholungsorts, der er in Wirklichkeit ist.

Es bedurfte zweier Jahrhunderte emsiger Naturforschung, bis diese vielfach verschlungenen Zusammenhänge geklärt waren, aber heute liegen sie offen und endgültig vor den Kundigen und bauen vor ihm das Bild des Waldes auf als das eines vielstöckigen, verwickelten Systems von Wechselbeziehungen, das sich nur durch diese Gegenseitigkeiten erhalten kann, aber auch vollkommen, geradezu optimal erhält, wenn man sie für sich gewähren lässt und in sie nicht eingreift.

Es hat sich hierbei auch herausgestellt, dass in das Gespinst dieser Beziehungen nicht nur der „Boden" verwoben ist, sondern auch das Klima des Landstriches, in dem der Wald grünt. Es ist eine seiner Vorbedingungen, dass es im Kreislauf jeden Jahres mindestens 110 frostfreie Tage geben muss und keine Trockenperioden, die länger als etwa 42 Tage währen. Regnet es in einem Land alljährlich monatelang nicht, dann kann dort kein Wald bestehen, außer am Rand von Flüssen als sogenannter Galeriewald, aber nur soweit, als das Grundwasser dauernd die Wurzeln befeuchtet, oder — wenn der Mensch den Boden künstlich bewässert.

In diesen beiden Grenzzahlen, die auf vielfältiger Beobachtung aufgebaut wurden, ist die Erklärung gegeben, warum nicht alle Festländer der Erde vom grünen Waldteppich überdeckt sind, warum es überhaupt „Waldgrenzen" gibt. Jeder in der Welt Bewanderte kennt sie sehr genau und sei es nur im Hochgebirge, wo überall, wenn sich die Berge nur erst einmal über tausend Meter erheben, an den Nordseiten der Gebirgskämme tiefer, an den Südhängen in weit größerer Höhe, der Wald plötzlich die Lebenskraft verliert, Die Stämme werden dann niedrig, die geschlossene Walddecke reißt auf, Fichte und Buche nehmen die Alleinherrschaft an sich, aber auch sie verwandeln sich in Büsche, in Krüppel und Zwerge, an ihre Stelle tritt ein neuer „Wald", der sich am Boden hinziehende Bestand der „Legföhren", bis auch die nicht mehr weiterkommen und den Alpenweiden oder dem Felsengeschröf weichen. In etwa 2000 m Höhe ist wenigstens in den Alpen fast überall die Waldgrenze erreicht, und das war so lange unverständlich, bis man nicht wusste, dass die Bäume jedes Jahr 110 frostfreie Tage brauchen, um Holz ansetzen zu können. In 2000 bis 3000 m Höhe ist wenigstens in den Alpen fast überall 42 bis 46 Tage ohne Frost; der ganze Sommer beschränkt sich dort auf sechs Wochen. Dasselbe gilt für den Norden. Noch auf europäischem Boden reißt die Walddecke; in Lappland ist kein Waldbestand mehr möglich und Island entbehrt der Wälder völlig.

Die manchmal zu lange währende Trockenzeit erklärt es, warum schon Dalmatien und Spanien vielerorts den Wald missen müssen und warum ein vielmals größeres Gebiet der Erde als ihr Waldgürtel das Grün der Bäume entbehren muss und als Steppe, wenn nicht gar als Wüste schmachtet. Als Ganzes betrachtet ist die Erde eigentlich doch eher ein Wüstenplanet, und von sehr großer Ferne gesehen blau mit gelb-rötlichen Flecken, was Weltmeer und Festland heißen soll.

Es gehört somit auch das Klima unzertrennlich zum Begriff des Waldwesens. Ein gewisser Boden, Pflanzen und Tiere vieler Art und ein bestimmtes Klima, diese vier Faktoren bauen die Wälder auf. Das Klima beziehungsweise als sein Ersatz in warmen Zonen das Grundwasser hat den obersten Entscheid, ob an einer gegebenen Stelle der Erde Wald aufsprießen kann oder nicht. Haben sie die Erlaubnis gegeben, dann baut sich das System auf. Es beginnt mit dem Vorgang der Waldbodenbildung, denn Humus, welcher der eigentliche Waldboden ist, den braucht der Wald als zweite Vorbedingung. Darum muss jedem Wald zuerst eine Art Parklandschaft, eine Wiese mit einzelnen Bäumen vorangehen und dieser die reine Blumenwiese oder die Heide oder in sumpfigem Gebiet die Pflanzenwildnis des Röhrichts oder des Moores. Diese Lebensgemeinschaften müssen erst genügend Humus sammeln, bevor sich ein Wald an dieser Stelle erhalten kann. Und sie selbst stellen eine Reihenfolge von Bildern auf, deren Natur durch die allmählich wachsende Humusmenge bestimmt wird.

Wenn ein Stück Neuland sich begrünt, wie man das sehr schön auf neu entstehenden Flussinseln sehen kann, dann ist das allererste, was in den Boden einwandert, die Kleinwelt. Das Bakterienheer, die Kleinalgen und die zu ihnen gehörige Kleintierwelt, das sind die Pioniere des Waldes. Sie lüften, lockern, beschaffen Stickstoff aus der Luft, begraben jedes hingewehte Blatt und angeschwemmte tote Fliege und schaffen die erste Humusmenge, welche genügt, damit die von den Ufern herübergewehten Samen der Weiden und Gräser auch nach ihrer Keimung bestehen können. Es entsteht eine Weidenau mit eingestreuten Grasfleckchen, am Schlammsaum ruhigeren Wassers ein Röhricht, kurz eine erste bescheidene Pflanzenwelt, die wieder den sich unterirdisch Mühenden für den Empfang dankt durch reichliche Abfälle, aus denen immer mehr Humus aufgebaut wird, bis sich zum Weidenbusch der Weidenbaum gesellt, dazu die

Schwarzpappel und Rüster, die Erle, die Esche, das Buschwerk, die Lianen der Au, allmählich der ganze schattige, vielgestaltige Auwald mit seinen eingestickten Wiesen und Riedgrasfluren und der üppigen Sumpfwelt der Altwässer. Die einzelnen Akte dieses Schauspiels heißen: mikroskopische Bodenbesiedelung, Erdflechten und Einzug der Bodenpilze und Regenwürmer, erste Sandpflanzen, Strandwiese, Weidenau, erste Bäume, Parklandschaft, Hochwald. Und dieser Hochwald lässt dann keine seiner Vorstufen, auf denen er sich erhob, umkommen, er vereinigt sie alle. Wo der allzu tiefe Schatten Gräsern und Blumen das Gedeihen wehrt, flüchten sie in die „Lichtinseln", die auch von selbst entstehen, wenn einer der Großen im Wald stürzt. Und, was drinnen verdrängt ist, das wuchert um so fröhlicher am Waldessaum, der gewöhnlich von allen Vorstufen des Waldwerdens besiedelt ist. Das Ganze stellt dann einen vielstöckigen „Etagenbau" (das ist die gelehrte Bezeichnung dafür) dar von sechs bis sieben Stockwerken, als da sind unterirdische Kleinwelt, Moose, Flechten und ihre Tierwelt als Bodendecke, Gräser und Kräuter, Sträucher und Stauden, hohes Gebüsch und die Bäume, zwischen denen dann als „Zwischenstock" noch Schlingpflanzen wuchern. Alle diese Stockwerke aber stellen eine in sich zusammenhängende und nach oben und unten versponnene Lebensgemeinschaft von Pflanzen und Tieren dar; jede nutzt die andere und wird von ihr aus erhalten und beschützt und so entsteht ein harmonisches Ganze, eben der „Wald", der, ist er einmal vollkommen aufgebaut, sich niemals mehr ändert. Eine Flussinsel, die einmal von Auwald überschattet ist, bleibt Waldinsel für immer, außer die Menschen oder Erdkatastrophen vernichten den Wald. Aber auch dann kehrt er immer wieder, wo er einmal war. Der Wald hat Ewigkeitsstreben, er ist ein vollkommenes Stück Natur in seiner Erhabenheit und seiner zu den göttlichen Urkräften hinabreichenden Bedeutung. Und darin liegt seine Schönheit zutiefst begründet.

Folgen der Waldverwüstung in den Alpen. Die Steinmuren dringen bis zur Waldzone vor. Motiv von dem Herzogstand in Bayern.

XIII. DIE BIOLOGISCHE REGULATION DES WALDES

Vorweggenommen wurde im Bisherigen immer wieder die Andeutung von der Harmonie des Waldes, ohne dass eigentlich Beweise dafür vorgelegt wurden. Aber sie liegen auf der Hand.

Harmonie kann nur in einer Mehrheit von Teilen herrschen und sie besteht in einem vollkommenen Ausgleich dieser Teile, der ästhetisch wirkt (dem Goldenen Schnitt nahekommt oder ihn verwirklicht), der sinnreich und zweckmäßig ist (das Optimum der Beziehungen darstellt), was sich in der möglichst gewährleisteten oder absoluten Dauer dieses „Systems" kundgibt, die durch einen Kreislauf der Erscheinungen im System gesichert wird[21].

Das haben wir als die Merkmale des Harmonischen erkannt; wenn wir sie also im Leben des Waldes wiederfinden, dann ist es bewiesen, dass er eine nach Gesetzen der Harmonie geordnete Lebensgemeinschaft ist.

Da wäre zunächst der „Systembau", das heißt die Vielheit der Einzelteile, die gesetzmäßig einander zu-

---

21 Natürlich hat der Ausdruck "absolute Dauer" sowie „Dauerwald" oder „endgültige Besitzergreifung des Bodens durch den Wald" an diversen Stellen des Textes nur den Sinn eines Definitivums innerhalb der Begrenzung des irdischen Seins. Eine Klimaänderung gleich einer Eiszeit oder Wüstenaustrocknung, eine Bodenänderung durch eine Transgression vertreibt den Wald natürlich.

geordnet sein müssen. Ein Blick auf die Vielheit der Mitglieder des Waldes, die obengenannten „Etagen" und ihre Bestandteile entheben uns dieser Beweislast. Schwieriger ist es schon, festzustellen, ob diese Teile in einem vollkommenen Ausgleich stehen, ob dieser sinnvoll für das Ganze ist, ob der Goldene Schnitt im Wald (ich bitte, sich zu erinnern, dass der Forst etwas anderes als der Wald ist) verwirklicht ist und schließlich, ob sich seine schon vorhin festgestellte Dauer wirklich durch Kreislaufvorgänge eines biologischen Regulationssystems (vgl. S. 95) erhält, so wie die Stabilität des Kosmos.

Eine dieser Beweisführungen lässt sich ohne lange Erörterungen gleich vorwegnehmen. Nirgends in der Natur ist der „Goldene Schnitt" so häufig verwirklicht als im Wald. Man bittet nachzumessen, es steht ja das in jedermanns Möglichkeit. Ob man nun Blätter, Verästelungssysteme, Kronenbildung, Wuchsverhältnisse, die Beziehung zwischen Wurzel und Krone, das Verhältnis der Bäume zueinander oder die Maße der Waldtierwelt auf das hin betrachtet, überall wird man finden, dass das Maß 5:8 weitaus am häufigsten unter den verwirklichten Proportionen vertreten ist. Gesamteindruck daraus: Hervorragend ästhetisch befriedigende Wirkung. Die hat noch jeder empfunden und keiner geleugnet; die Maler und Fotografen haben sie in tausend Varianten aus dem Waldbild herausgeholt. Hierüber sind die Akten wohl geschlossen.

Ausgleich, Sinn dieses Ausgleiches, Kreislauf und Dauer, der Rest unseres Beweisganges, hängen miteinander zusammen, sie sollen, ja sie müssen sogar einheitlich betrachtet werden.

Von je haben Künstler und Denker als das Wunderbarste am deutschen Wald die zauberhaft besänftigende, die Seele beruhigende Wirkung gepriesen, die seine in sich ruhende, abgeklärte, gleichsam geheimniserfüllte Natur auf jedes unbefangene Gemüt ausübt. Immer wieder drängte sich der Vergleich mit einem Dom auf, so wie in alten Zeiten unser Volk in ihm allein die Stätte religiöser Weihe erblickte, hat man auch jetzt noch immer, wenn man in den schweigenden Hochwald tritt, das tiefe Erschauern, das Empfinden von Erhabenheit, eines über dem flüchtigen Menschenwerk stehenden ewigen Gesetzes, das die Seele auf sich selbst besinnen lässt. Oft hat man diese geheime Macht des Waldes dichterisch gedeutet, man kann ihr aber auch ein Verständnis und vielleicht sogar ein klareres und begrifflich vertiefteres abgewinnen, wenn man einmal mit dem Rüstzeug des Naturwissens sich diesem „Schweigen im Wald" nähert.

Da möchte ich denn zunächst die Aufmerksamkeit darauf lenken, dass ein wirklicher Wald niemals dasselbe Naturbild wiederholt. Damit langweilt nur der Forst, dieses traurige Zerrbild eines verödeten und künstlich einförmig gemachten Waldes, namentlich als Kiefern- oder Fichtenforst, in dem das Wandern allmählich zu einer quälenden Einförmigkeit werden kann. Im natürlichen Wald dagegen ist jeder Baum eine Individualität und stets mit seiner nächsten

Umwelt zu einer Einheit zusammengeschlossen. Hat man erst einmal darauf geachtet, wird man das allenthalben bemerken, wie bildmäßig in Gruppen da Bäume miteinander, mit Gebüsch und Stauden, mit einem Blumenstrauß, sogar mit einem Moosteppich zusammengeordnet sind. Das aber ist nicht Zufall, sondern aus einem inneren Gesetz heraus entstanden. Diese Gruppen sind nämlich biologisch voneinander abhängig, sie leben in einer Wechselseitigkeit, die in vielen Beziehungen bis zum vollkommenen Ausgleich gesteigert ist. Die Gruppe der Pilzhütchen, die manchmal sogar in Kreisen die Bäume oder einen Busch umgeben, ist unterirdisch mit den Wurzeln der Großen verbunden. Sie würde absterben, wenn die Wurzeln nicht mehr leben würden, und die Bäume können ohne die Pilzwurzel nicht leben. Das ist durch Versuche bewiesen worden. Auch zwischen dem Moosteppich und der höheren Vegetation besteht diese wechselseitige Abhängigkeit. Die Waldmoose sind zunächst die besten Brutstätten der Kleingeschöpfe, welche in der Bodenaufbereitung und in der Stickstoffzurichtung von größter Bedeutung sind. Aber auch darüber hinaus sind sie von lebenserhaltender Wichtigkeit für die Bäume. Sie sind mit der Fähigkeit begabt, Wasser zu speichern. So wie die Torfmoose eines Moores gleich einem Schwamm das Wasser eines ganzen Sees aufnehmen, so ist, in Milliarden winziger Blättchen, auch die Regenmenge des Winters und trüber Sommertage und -wochen im Moosteppich des Waldes aufgespeichert und wird von dort ganz allmählich an die Wurzeln der anderen Pflanzen abgegeben. Ohne diesen Wasserspeicher könnte kein Wald bestehen.

Auf den Funktionen: Humusbildung und Bewässerung ruht die große Bedeutung der „Waldstreu"; deshalb schützt der kundige Forstmann auch sorgsam die Bodenbedeckung des ihm anvertrauten Forstes.

Die Bäume wieder zahlen für den Dienst, der ihnen geleistet wird, durch Schatten und Schutz. Die Moose gedeihen unter ihnen am besten und ein vollkommener Ausgleich sichert beiden das bestmögliche Dasein.

Ein ähnliches Verhältnis besteht zwischen den Vögeln und Waldgewächsen. Da sind die zahllosen Beerensträucher am Waldesrand, der Holunder, Hartriegel, Wacholder, das Pfaffenhütchen, da sind Buchecker und Eicheln. Die Schar der Drosseln, Meisen, Eichelhäher lebt von ihnen, sichert ihnen aber auch Verbreitung und Dasein, indem sie die Samen verschleppen, manchmal durch ihre Verdauung sogar erst keimfähig machen, in einzelnen Fällen direkt einpflanzen, weshalb der Häher in Frankreich sogar den Namen „le planteur" vom Volk erhalten hat.

Schnecken und Pilze sowie Erdbeeren leben im Ausgleich, so wie die Misteldrossel und die Mistel. Die Steinpilze oder Erdbeeren sind nicht unseretwegen da, denn wir leisten ihnen keinen Dienst, wohl aber die Schnecken und die Fliegen und Käferlarven, die sie anraspeln und durchnagen. Sie verbreiten nämlich damit die kleinen, harten, für sie unverdaulichen Erdbeersamen überall auf dem Waldboden und schleppen die Pilzsporen mit sich; gerade das, was beide brauchen.

Viele solcher Ausgleichsvorgänge bzw. Regulationen (siehe S. 95) bestimmen das Leben des Waldes; sein ganzes Dasein ist ein viel versponnenes Netz derartiger Beziehungen. Der Sinn dieses Ausgleiches ist oft tief verborgen, immer aber die Sicherung dieses Daseins, das Optimum des Lebens für alle daran Beteiligten.

Sogar den sogenannten Schädlingen kommt in dieser wundervollen Harmonie ihre nützliche Bedeutung für das Ganze zu. So wohlgeordnet hat sich das Waldleben im Lauf der Zeiten durch gegenseitige Anpassung, dass auch der Schaden in den Nutzen einbezogen ist und jedem, auch dem Gleichgültigsten, Hässlichsten und Unbedeutendsten seine wichtige Aufgabe zukommt, ohne den das Ganze nicht bestehen könnte. Da sind die Raupen oder die metallisch grün schimmernden Käfer, welche die Blätter zernagen, die Pilze der Blattflecken, der Specht, der die Bäume zerstört, die Borkenkäfer, welche in dem Holz ihre Gänge bohren, die abscheulichen Aaskäfer und die stahlblauen Schmeißfliegen, die in den Sonnenflecken des Waldesschattens summen. Jeder von ihnen ist ein Arbeiter, der wichtige Aufgaben zum Ausgleich des Ganzen ausführt.

Wenn die Zerstörer nicht genügend Mulm und welkes Laub im Sommer schaffen, von dem übrigens der Großteil der Schnecken lebt, dann wäre der Kreislauf der Humusbildung unterbrochen. Der Specht und die Borkenkäfer sind reine Waldgärtner, eine Gesundheitspolizei, die mit untrüglichem Instinkt die anfälligen, innerlich kranken Bäume aufzusuchen wissen und an keinem gesunden ihre Künste üben. Der Kranke, der infiziert, soll heraus, nur die Gesunden haben in der harten natürlichen Moral ein Lebensrecht. In jedem Naturwald sind Pilzkrankheiten und Borkenkäfer oder Raupen da; sie vermehren sich aber niemals im Übermaß, sondern sind harmonisch eingeordnet im Ganzen. Nur wo wir Menschen die Harmonie zerstört haben durch einseitiges Pflanzen von nur einer Baumart, die meist auch noch kränkelt, kommt es dann auch zu einseitiger Vermehrung der Schädlinge und zu den enormen Schadenziffern und länderweiten Zerstörungen durch Wurmtrocknis, das ist Borkenkäferbefall oder, in diesen Jahren, die Forleule.

Die Käfer, Schmeißfliegen und andere Totengräber treiben sich deshalb im Wald umher, weil es für sie reichlich zu tun gibt. Wären sie nicht, würden sich die toten Tierreste bis zur Störung des Gesamtlebens anhäufen. Wie selten sieht man ein totes, unbegrabenes Tier im Wald! Tag und Nacht arbeiten aber ganze Kolonnen und ruhen in einer langen Kette ineinandergreifender Tätigkeiten nicht, bis das Störende in brauchbaren Humus umgewandelt ist.

Aus vielen solcher Einzelerfahrungen, mit denen man Bände füllen könnte, baut sich ein geradezu überwältigend sinnreicher Kreislauf von Werden und

Vergehen im Wald auf, der ihm unbegrenzte Dauer sichert und gleichsam ein Abbild der himmlischen Kreisläufe und ihrer erhabenen Harmonie ist.

Wenn ein vielhundertjähriger Waldbaum endlich nicht mehr des Lebens Faden richtig spinnen kann, haben sich allmählich Holzpilze und Holz zernagende Insekten in ihm eingenistet, deren vereinigtes Werk ihn endlich wurzelfaul macht, sodass er, der Jahrhunderte hindurch allen Stürmen widerstand, schließlich von einem Sturm, den die Waldleute, wohl wissend warum, den „Waldreiniger" nennen, niedergestreckt wird. Sein Fall reißt eine breite Lichtinsel im Dämmer und mancher Begleiter, dem er lang Schutz geboten hat, muss mit ihm untergehen. Aber auch mancher Kümmerling, der jahrzehntelang sich bei unzureichendem Licht gequält hat, findet nun Lebensraum und der Sturz des Waldesalten bedeutet Aufstieg für mehr als einen Jungen.

Der gestürzte Baum stirbt nun bald ab und wird erst jetzt zum willkommensten Fraß für Borkenkäfer, im Mulm wühlende Larven und die bleichen, des Nachts leuchtenden Stränge der Waldpilze. Groß und Klein tun sich an ihm gütlich. Man hat bisher schon mehrere Hundert verschiedene Tier- und Pflanzenarten festgestellt, die von der Zernagung und Zersetzung eines solchen toten Baumes leben. Es gibt da die wunderbarsten Spezialisten darunter, die erst dann angreifen, wenn man ihnen vorgearbeitet hat oder nur deshalb da sind, um einem Arbeiter am großen Werk zur Nahrung zu dienen. So gibt es gewisse, als

„Ambrosiapilze" bezeichnete Kleinpflanzen, die in verwesenden Stämmen von den Borkenkäfern nur deshalb gezüchtet werden, um an ihnen ständig Nahrung zu haben, sie selbst haben gar keine Bedeutung für die Zersetzung des Holzes, Ganz besonders wichtig sind bei diesen Abbauvorgängen die Holzzernager und die Pilzfäden, die ihnen vorarbeiten. Nicht weniger Bedeutung kommt den Regenwürmern zu, welche die gefallenen Bäume begraben. Sie selbst fressen Erde. Und faulendes Laubwerk, durchwühlen aber mit unzähligen Gängen den Boden dermaßen, dass die darauf liegenden Schwergewichte einsinken. Mit der aus dem Unterirdischen herausgeschafften Krümelerde decken sie die bald einsinkende Pflanzenmumie auch noch zu. Das geht rasch. Drei Zentimeter im Jahr heißt hier langsame Arbeit. Im Feuchten und Dunkeln verdoppeln sich natürlich die Kräfte der Bodenpilze. Schon nach einigen Jahrzehnten ist auch eisenhartes Holz in rotbraunen oder grauen, manch-, mal tiefblauen Mulm, in ein Pulver verwandelt, und nun reif, um in den Humus aufgenommen zu werden. Die stecknadelgroßen Kleinpilze saugen das letzte Brauchbare heraus, Infusorien, winzige Springschwänze, Fadenwürmer, zusammen wieder ein hundertgestaltiges Heer ewig Hungriger, mühen sich um die einzelnen Körnchen, verträgt sie, hinterlässt sie in den verschiedensten Stufen des Abbaues, bis endlich von dem Riesenbaum nichts übrig ist als eine Lücke im Waldzelt, die aber in dem halben Jahrhundert, das bis dahin seit seinem Fall verging, schon wacker mit Nachwuchs angefüllt ist und dazu eine gar nicht allzu große Menge neuer Humuserde als Nahrung und Wurzelboden für hundertfach neues Gekraut, ein Moosteppich, eine Farnwildnis, eine Laube voll Buschwerk und ein aufschießender Neuwald, der mitten daraus seinen Wettbewerb entfaltet, bis an dem Platz, wo ein Riese stand, in genügend langer Zeit wieder nur ein Riese übrig bleiben wird mit seinen Begleitern. Hundert oder zweihundert: Jahre sind im Leben eines Waldes ein flüchtig verwehender Moment; sein Dasein zählt nach Jahrzehntausenden und -hunderttausenden. An allen Punkten ist er in solch langen Zeiträumen vergangen und immer wieder neu gekommen, und im ganzen genommen hat sich an seinem Aussehen ebenso wenig etwas geändert wie an dem gestirnten Himmel über ihm, der ebenso unbewegt erscheint und dennoch ebenso voll Werden und Vergehen ist wie er.

Das Leben des Waldes stellt einen vollkommenen Kreislauf dar, woraus mit Sicherheit hervorgeht, dass in seinem Dasein auch ein vollkommener Ausgleich eingetreten ist. Dieser Kreislauf sichert ihm seine Dauer und man versteht, dass sie in sich ebenso unbegrenzt ist, wie die des Wasserkreislaufs als Meer, Wolken, Regen, Quellen und Flüsse, die wieder zum Meer eilen, seitdem die Erde besteht. Ebenso grünen auf ihr Wälder seit dem ersten Tag, an dem die Pflanzenwelt kräftig genug war, sich zum ersten Dickicht zusammenzuschließen.

In diesem so wunderbar abgestimmten Kreislauf liegt die Ewigkeit des Waldes begründet, und das empfindet die Seele des Waldgängers als Erhabenheit und ausgeglichenste Harmonie. Alle anderen Naturbilder wandeln sich, Berge brechen in Schuttströmen nieder, Ströme versiegen und ändern ihren Lauf, wie oft ist im Laufe der Menschengeschichte ein Hafen versandet und auf Meilen weit Land anstelle von Meeresrauschen getreten oder auch der glitzernde Wogenzug einhergerauscht, wo früher festgegründeter Boden schien. Sümpfe trocknen aus, Wiesen verwandeln sich in Auen, die Menschenkultur hat überall die Tendenz zu verwildern, wenn sie nicht in stetem Kampf gegen die Natur ertrotzt wird, nur der Wald steht ruhig und unveränderlich in all dem wechselnden Getriebe. Sogar wenn man ihn fällt und niederbrennen mag, er kommt wieder, man muss nur die Geduld haben, es abzuwarten. Jeder Lawinenzug im Hochgebirge begrünt sich aufs neue. Er war da vor der Geschichte der Menschen und sein wunderbarer Kreislauf erfüllt uns mit jeder Gewissheit, dass Wälder rauschen werden, so frisch wie am ersten Tag, wenn auch die Geschichte der Menschheit begraben ist wie ein vom Baum des Lebens gefallenes Blatt.

XIV. DER WALD ALS SCHÖPFERISCHES SYSTEM

Mit dem großen, und leider doch nur so flüchtigen Gang durch unseren Wald ist wohl auch für den ärgsten Zweifler erreicht worden, was unsere Absicht war: Die Feinorganisation eines richtigen harmonischen Systems in ihrem Räderwerk aufzudecken. Alles hat dadurch seine Beweise gefunden: dass er ein solches ist, dass er in jeder Hinsicht wohl ausgeglichen ist, wodurch sich der „Ausgleich" als das bewährte System erwies, durch das das Leben seine Siege erringt, dass das Sinnvolle seiner Einrichtungen, ihre Zweckmäßigkeit für das Ganze nicht zu übertreffen ist und dass ein Kreislauf stattfindet, also das große kosmische Weltgesetz auch hier im Irdischen verwirklichbar ist.

Wir wollen aber damit dieses Thema noch nicht verlassen, denn erst jetzt ist der feste Boden erarbeitet für das, worauf es uns ankommt, nämlich zu zeigen, dass in einem wirklich wohlgeordneten harmonischen System noch weit mehr steckt, als man bisher an den Begriff Harmonie knüpfte.

Es ist einer der sinnigsten und schönsten Züge der deutschen Seele, dass sie so mit allen Fasern mit dem Wald verwoben ist und ihm von je, als das Herrlichste ihrer Heimat nicht nur gepriesen, sondern auch verehrt, geschützt und gepflegt hat. Es ist gleichsam eine Probe, wie viel einer von diesem Wesen in sich hat, wenn man ihn auf seine innere Stellung zum Wald prüft. Die Dichtung hat alles zu vergolden verstanden, was an ihm unsere Seele bewegt, seine Schönheit, den göttlichen Gedanken, den er uns verkörpert, das Gefühl der Freiheit, das er verleiht, die Harmonie seiner Welt. Das Wissen hat Beweise gehäuft für die Richtigkeit dieses Empfindens, Man hat manchmal den Eindruck, als könne nichts grundlegendes Neues zu dem uralten Gegenstand des deutschen Waldes mehr gesagt werden und dennoch hat man gleichsam das aller Wichtigste, das Merkwürdigste und Tiefinnigste, was er uns zu sagen hat, noch gar nicht bemerkt.

Das ist die schöpferische Kraft des Waldes. Sie ist gewissermaßen noch erst zu entdecken, obwohl man sie schon von alters her kennt und sogar in Gebrauch genommen hat. Nur hat man es sich noch nicht richtig zum Bewusstsein gebracht, worum es sich dabei handelt.

Wer zum ersten Mal das stille Friesenland besucht, wird entzückt sein über den Reichtum an schönen alten Bäumen in einer flachen Ebene, wo er keine Naturschönheiten erwartete. Jeder Hof versteckt sich in einem Eichenkamp, alle Felder sind durch dichte Baumhage voneinander abgegrenzt; von fernher sieht das ganze Land wie ein einziger großer Wald her. Uralte Erfahrung hat die Menschen an der Waterkant gelehrt, dass der beste Schutz vor der verheerenden Macht der Seestürme in einem künstlichen Wald besteht. Mit seinen Tausend und Abertausend Blättern und Zweigen bricht er die Kraft des Windes. Man versuche es nur und gehe an einem stürmischen Tag von einer scharfen Windecke aus in den Wald hinein. Kaum hat man einige Baumreihen zwischen sich und dem Freien gelegt, merkt man den in den Wipfeln wühlenden Sturm kaum und im Waldinneren ist die Luft fast unbewegt. Dass Stürme großen Windbruch verursachen, widerspricht dem nicht, haben wir doch überall einförmige Forste ohne Unterholz anstelle natürlicher Lebensgemeinschaften gesetzt, in denen sich Fichte, Buche, Kiefer, Eiche mit vielen Sträuchern dicht und undurchdringlich verflechten würden, einer dem anderen Schutz gewährend.

Der große Windwurf ist nur eine Strafe der Natur auf die Entnatürlichung des Waldes. In „Urwäldern" holt der Sturm nur die Kranken, Überalterten, längst Anfälligen ab, niemals aber ganze Hänge. Die Waldlebensgemeinschaft verleiht da ihren einzelnen Mitgliedern einen Schutz, der von der Ganzheit ausgeht und von dem einzelnen nicht erzielt werden kann.

Gerade im Gebirgswald, wo man am besten Sturmwirkungen und Windschutz studieren kann, mag man sich auch von einer zweiten schöpferischen Wirkung des Waldes überzeugen. Wo durch Lawinen oder menschliche Unvernunft an steilem Hang die Berge ihrer Walddecke entblößt sind, ist meist der ganze Abhang bis auf das Felsengerüst abgeschwemmt und nur im Schutz größerer Felsen oder in wohlgeborgenen Mulden grünt noch Rasen und Kräuterwerk. An solchen Orten greifen Verwitterung, die steinsprengende Wirkung von Frost und Besonnung und die Zersetzung durch Felsen zernagende und auflösende Kleinpflanzen den Berg ordentlich an und bereiten von dieser Seite her seine Abtragung kräftig vor. Waldentblößte Gebirge, wie etwa der Karst in den Südalpen oder die spanischen und italienischen Hochberge, unterliegen den Wirkungen der Verwitterung viel rascher also solche, die mit ihrem grünen Waldkleid und ihrem dicken Humusmantel den zerstörenden Einflüssen von Wetter und Lebewesen gar nicht ausgesetzt sind. Der Wald verlangsamt den Zerfall der Gebirge um ein Mehrfaches, in gewissem Sinn hebt er die Verwitterung überhaupt auf.

Was bedeutet das aber anderes, wenn nicht ein „schöpferisches", aktives Eingreifen in die Vorgänge der Erdentwicklung? Die Waldlebensgemeinschaft wirkt da nicht nach innen auf den Schutz ihrer Teilhaber wie im Fall des Windschutzes, sondern als geschlossene Einheit, gleichsam als höherer Organismus nach außen hin auf seine Umwelt, und zwar wieder im Sinne von Konservierung, Schutz und Lebensverbesserung. Der Wald erhält sich nämlich seinen Boden, sichert dadurch seines Reiches Bestand; er festigt die Welt, auf die er angewiesen ist. In tiefen Erosionsrinnen, auf Trümmerfeldern, unter der Wirkung des Steinschlages, was die unzertrennlichen Begleiter eines rasch fortschreitenden Abtragungsvorganges wären, würde er weit weniger gut gedeihen als auf dem sanften, sicheren, vor tosenden Sturzbächen und Lawinen bewahrten Hang, dem er für Jahrtausende die gleiche Form erhält.

Weil die einfachen Landleute mit ihrer treffsicheren Naturbeobachtung das schon längst bemerkt haben, wurde in den Alpen der Wald als „Bannwald" von jeher als Schützer der Berge angestellt. Man ließ ihn an gefährlichen Orten völlig unversehrt nach „seines Lebens" Gesetzen grünen und konnte sich darauf verlassen, dass er die Lawinen noch vor ihrem zerstörenden Auslauf abfängt und die großen, von oberhalb gelegenen Felswänden niederkommenden Felsblöcke in sich festhält, sowie bei Gewittern den Steinmuren, die talab wandern, schon halt gebietet, bevor sie Menschenfluren erreicht haben. Mit gar keinem anderen Mittel ließen sich alle diese Wirkungen so treffsicher und billig erreichen, wie durch die Inanspruchnahme der „schöpferischen" Wirkungen des Waldes.

Dass es sich hierbei wirklich um eine schöpferische Kraft handelt, hat die genaue Beobachtung der bodenbildenden Wirkungen der Wälder gezeigt. Wenn irgendwo Wald lange Zeit besteht, wächst durch ihn die Dicke der Humusdecke, wenn auch langsam, so doch merklich. Der Absprung, worunter man die abfallenden Rinden, Zweige, Knospenschuppen, Blüten und Fruchthüllen verstehen möge, die Decke des welkenden Laubes oder der Nadelstreu, sichern sogar dem Forst einen jährlichen Bodenzuwachs; vervielfacht ist er im natürlichen Wald, wo die Bäume, Sträucher, Tiere dort begraben und in Humus verwandelt werden, wo sie stürzen. Ich habe in tropischen Urwäldern Messungen angestellt und habe dort Humusdecken bis zu vielen Metern Dicke gesehen, wenn der Wald, wie es z. B, im großen südamerikanischen Zentralwaldgebiet der Fall ist, dort ungestört seit Jahrtausenden seine Wipfel baut. Von dieser enormen Humusanhäufung lebt eigentlich, recht betrachtet, der Mensch, seitdem er Ackerbauer geworden ist. Denn immer hat sich Ackerbau so eingerichtet, dass man zuerst Wälder rodete, um sich in den Besitz der von ihnen geschaffenen Humusmengen zu setzen, und dann auf dem Boden sitzen blieb, solange er eben noch genügend Nährkraft hergab. Wenn die Menschen auswanderten und noch „jungfräulichen" Ackerboden aufsuchten, dann suchten sie damit Waldhumus auf und gingen nur im Notfall auf die Prärien über. So hat man in Nordamerika, später in den Lateinstaaten der Neuen Welt, den Wald verwüstet und ist im Begriff, auch dort den Humus ebenso gründlich aufzuzehren, wie man das in der Alten Welt getan hat[22]. Wenn die

---

22 Das Mittel, worauf hier angespielt wird, ist in österreichischen und deutschen Patenten festgelegte Verfahren, künstlichen Humusdünger aus den Abfällen der Städte herzustellen und dadurch einen Kreislauf in der Wirtschaft zwischen Humusverbrauch und Humuswiedergewinnung zu schließen. Es werden dabei die Abfälle der menschlichen Wirtschaft im Einzelhof oder in den Städten gesammelt und durch ein Sortierungs-, Reifungs- und Impfverfahren mit Edaphonorganismen in eine Impferde verwandelt, die dem Ackerboden neuerdings Humus zuführt mit dem Erfolg, dass — wie Gutachten der Wiener Hochschule für Bodenkultur oder der deutschen Stickstoffdüngerindustrie bezeugen — dadurch Mehrerträgnisse, bis zu 65 Prozent ohne nennenswerte Kosten erzielt werden, und der Boden für ganz andere Mengen Stickstoffdünger aufnehmbar gemacht wird als ohne diese Humusauffrischung. In dem Maße, in dem sich dieses „Edaphondünger"-Verfahren in der Landwirtschaft ausbreitet, wird auf natürlichstem Weg, volkswirtschaftlich ohne Kosten sogar werbend, da nutzlose Abfälle in höherwertige Substanz aufgewertet werden, dem Humusschwund des Landwirtschaftsbodens entgegengearbeitet.

Menschheit nicht zum Glück aus der biotechnischen Erforschung der Humusbildung ein Mittel dagegen gefunden hätte, wäre dadurch die langsam fortschreitende Hungersnot besiegelt. Nur der Wald arbeitet ihr in der Natur entgegen, nur seine schöpferische Kraft hat bisher die Menschheit erhalten. Die Humusbildung der Steppe ist da nur Vorstufe und Ersatz an den Orten, wo das Klima keinen Wald erlaubt.

Am besten erkennt man diese kulturerhaltende Wirkung des Waldes dort, wo einst Wälder waren und durch Unvernunft auf weitem Gebiet verschwunden sind. Sofort reagiert die Menschheit an jenem Ort mit Wirtschafts- und Kulturverfall darauf. Ein Buch würde nicht genügen, um die Geschichtsbelege hierfür aufzuzählen.

Das großartigste, aber auch traurigste Beispiel bieten der Orient und die Balkanhalbinsel, die im Altertum vom Libanon an, durch Kleinasien, in Griechenland, in Dalmatien bis zum Nordende des Adriatischen Meeres, ein blühender Garten von Reichtum und schönster Zivilisation mit Hunderten von Städten waren und heute eine halb wüste Einöde, vertrocknet und verdorrt sind. Es ist eine abschreckende Felsenwildnis auf den weitesten Strecken, weil man seit dem Ausgang des Altertums die dort einst sorgsam, wohlbewusst als „Heiligtümer" gehegten Wälder niederschlug. Die Natur antwortete darauf mit der Humusverarmung durch Abschwemmung der fruchtbaren Dammerde. Dadurch wurden die Berge bis auf ihre

Felsengerippe entblößt und in den abschreckenden Zustand versetzt, der heute noch jedem Reisenden das Herz erzittern macht, mag er sich nun vom Meer aus dem Karst oder den albanisch-montenegrinischen Bergen, den herrlichen Inseln Großgriechenlands oder Syriens nähern. Überall starrt ihm nackter weißer Stein entgegen, überall haust Armut, überall ist Bevölkerungsrückgang und Kulturverfall die Antwort auf diese Sünde wider die Natur gewesen.

An diesem großartigsten Beispiel aber ließ sich auch die letzte große schöpferische Wirkung des Waldes gut studieren, nämlich die Klimaänderung, die große Wälder im Gefolge haben. Langjährige mühsame Arbeit namentlich der deutschen forstlichen Versuchsstationen hat ergeben, dass ein bewaldetes Gebirge mehr Niederschläge empfängt, als ein entwaldetes, und dass die Luftfeuchtigkeit und Regenmenge erheblich sinkt, wenn unter sonst gleichbleibenden Verhältnissen Berge des Waldschmuckes entblößt werden. Die Balkan- und Orientgebiete haben zunehmend und in großem Maßstab durch trockenes Klima seit ihrer Entwaldung gelitten. Natürlich steigern sich negative Wirkungen in dem Maße, je größer die verschwundenen Waldgebiete waren.

Waldgebiete sorgen eher für höhere Luftfeuchtigkeit und bringen oft wiederholtem Regen, das aber ist auch die grundlegende Daseinsnotwendigkeit für das gesamte Pflanzenleben des Waldes. Alle Waldpflanzen sind feuchtigkeitsliebend. Das gilt für die unsichtbaren Bodenbewohner ebenso gut, wie für die Moose, Pilze, die Farne, das Gekraut, das gesamte Unterholz, wie für die Bäume selbst.

Wenn also der Wald als Ganzes das Klima feuchter gestaltet, dann hat er eine Leistung zugunsten seiner Mitglieder vollbracht. Er ist schöpferisch, bringt neue Verhältnisse zustande, die ohne ihn nicht entstehen würden.

Damit rundet sich der Kreis der Segnungen des Waldes, von denen das Volk schon intuitiv wusste in seinem Gefühl, wenn es den Wald ebenso heiligte wie der Grieche seinen heiligen Hain.

Durch Humusbildung ist der Wald der große Ernährer der Bevölkerung. Durch seine geheime, beschützende Kraft sichert er die Berge vor Zerstörung, das Klima vor Austrocknung, er bricht die Macht der Stürme, er ist die Grundlage eines gesicherten zivilisierten Daseins, er ist wahrhaft gleichsam der Bote der welterhaltenden Kraft.

Mehr als das, mit seinen schöpferischen Fähigkeiten ist er ein Stück des Welt bauenden Prinzips selber und verdient mehr als jede andere Naturerscheinung, dass wir ihr Verehrung zollen.

XV. DER WAHRE WERT DER NATURBILDUNG

An dieser Stelle meines Werkes ist mir, als könnte ich eine vorgehaltene Maske heruntertun. Denn ganz offengestanden kam es mir in diesem Buch, das viele Studien eines arbeitsreichen Lebens in einen Extrakt zusammenfasst, gar nicht auf Kieselalgen, Biotechnik, Innenbau von Pflanzen, das Gesetz der funktionellen Anpassung, die Funktionsformen der unbelebten Natur, das Harmoniestreben des lebenden Organismus an. Auch nicht auf die historischen und statistischen Formulierungen des Harmoniegesetzes, die Kreisläufe am Himmel und auf Erden. Mein letztes und eigentliches Ziel war nicht die Feststellung des harmonischen Weltgesetzes, auch nicht die eingehende Zergliederung des Waldes als harmonisches System, wenn sie auch zu der überraschenden Entdeckung geführt hat, dass ein wohlorganisiertes harmonisches System seinen Gliedern nicht nur beste Funktion gewährleistet, nicht nur Sicherung des Bestehenden und Dauer des Ganzen (unter Umständen bis zur absoluten Dauer) steigert, sondern dass es sogar nach außen wirkt und auch die Umwelt im Sinne des Harmonischen ändert. Dass wahre Harmonie schöpferisch wirkt.

Das alles habe ich mit bester Gewissenhaftigkeit vorgelegt, durchgeprüft auf Haltbarkeit, ich habe jede Hypothese und Theorie vermieden, mich auf das Handgreifliche, tatsächlich Beweisbare beschränkt und ich hoffe, hier ist ein Bau errichtet, der jeder Kritik standhält und ein für allemal gesichertes Wissen ist.

Aber jetzt will ich offen gestehen, ich halte diesen Bau gar nicht für das Wichtigste, worauf es mir ankommt. Es hat gar nicht meiner bedurft, damit er zustande komme. Hunderte von Forschern und Denkern haben seit frühgeschichtlicher Zeit daran gearbeitet und ich selbst habe nur einiges dazu beitragen können, wie es eben schon das Schicksal jedes einzelnen Arbeiters am Erkenntnisbau der Menschheit ist. Das Eigentliche, und das, worauf sich alle Kraft meines Willens richtet, das kommt jetzt erst. Man höre mich an.

Man spricht in diesen Jahren so viel von einer Krise der Philosophie und hat eine Zeit lang getan, als sei sie einer der vielen überlebten und wertlos gewordenen Werte früherer Geistesepochen der Menschheit. Tatsächlich wollen gerade die tatkräftigsten und einflussreichsten unserer Zeitgenossen von Philosophie schon längst nichts mehr wissen und ein so großes und zukunftsreiches Volk wie die Amerikaner haben sie offen und einmütig zu den überholten Idealen abgelegt, gleich denen der klassischen Bildung, aus der sie ja auch stammt, und an ihre Stelle eine Denkrichtung gesetzt, deren Ziel es ist: Wie richtet man das Leben am besten ein?

Was haben die Philosophen dagegen getan? Dass sie die Amerikaner verächtlich machen wollen, indem sie ihre praktische Denkrichtung als „Animalismus" bezeichnen, weil auch das Tier nichts anderes leiste als praktische Lebenseinrichtung, das mag ihnen als Übertreibung im Daseinskampf gutgeschrieben werden. Sie sollen verschwinden, und verschwinden auch allmählich, es wird ihnen das Lebensrecht abgesprochen, sie müssen sich doch irgendwie zur Wehr setzen. Wichtiger als diese bloß kämpferische Geste ist schon, wodurch sie die Notwendigkeit der Philosophie für das Leben aufrechterhalten wollen.

Da hat sich denn die ganze moderne Philosophie darauf geeinigt, sich metaphysisch einzustellen und unterscheidet sich im einzelnen nur durch die Art, wie sie diese Stellungnahme begründet. Zu den alten historischen Systemen der Metaphysik sind da, wenn man das neue Schrifttum durchmustert, nur zwei neue Möglichkeiten dazugekommen, die ernsthaft diskutiert werden.

Die einen — es sind die Bahnen von Bergson, in denen man da wandelt — sagen: Es gebe eine schöpferische Erkenntnis, Intuition bringe neue Wahrheiten hervor. Beweis: Ich fühle es. Eine Kontrolle dieser Wahrheiten gibt es nicht.

Die andere Richtung — immer mehr ragt Driesch, als ihr Bannerträger hervor — behauptet: Neue Erkenntnisquellen schlummern in der ganzen Natur. Durch psychische Forschung, die sich auf die okkulten Phänomene erstreckt, können sie aufgeschlossen werden. Was hat aber diese Forschungsrichtung, die sich der naturwissenschaftlichen Methode bedient, „aufgeschlossen"? Bisher nichts, Behauptungen, einander höchst widersprechende Schilderungen, dass das Leben mit dem Tod nicht zu Ende sei.

Da klafft der Widerspruch zwischen den Anforderungen des praktischen Lebens und den Forderungen der Philosophen auch schon auf. Wenn jemand zu ihnen — und das gilt auch für die historischen, vom Christentum angefangen bis zu den Kantianern — kein Vertrauen hat, kann er mit allen ihren Lehren nichts beginnen, denn sie sind ganz und völlig auf jene im Altertum so oft wiederholte Erlöserbotschaft aufgebaut: Aus mir spricht die göttliche Wahrheit. Glaubt mir.

Tatsächlich sind schon der Platonismus, der Rationalismus, Kants und Schopenhauers Lehre, der Intuitionismus, die Entelechielehre ebenso gut wie die Überlieferung der Christusbotschaft auf den Glauben aufgebaut: Aus allen jenen Männern spreche eine begnadete, nicht nachprüfbare, weil dem Normalverstand, dem Verstand überhaupt überlegene Erkenntnisquelle, die man eben gleichwertig, wenn nicht übergeordnet den Sinnenerkenntnissen, als „höhere Wahrheit" hinzunehmen habe. Die in ihrem letzten Kern unkritisierbar sei, also Glauben und Unterordnung erfordere.

Es gibt eine große Anzahl menschlicher Naturen, denen das zusagt. Enthebt es sie doch des eigenen Denkens, der Verantwortlichkeit für ihre Handlungen. Es ist der bequemste Weg heute, nachdem einmal die Einrichtungen in Gesellschaft, Sitte, Recht, Moral und Lebensführung so geordnet sind, als ob jene „autoritären Botschaften" Wirklichkeitszusammenhänge wären, gleich der übrigen Erfahrungswelt, in dieser Gesellschaft zu leben und zu wirken.

Diese große Mehrheit hat durch dieses Verhalten seit zweitausend Jahren die Geschichte der Europäer geschaffen; sie und ihre geistigen Führer tragen die Verantwortung dafür. Sie pflegen mit Stolz zu betonen, dass die abendländische Kultur ihr Werk sei.

Schon eine sehr oberflächliche Geschichtsbetrachtung dieses Werdens zeigt aber, dass diese Behauptung nicht zu Recht besteht. Die ganzen Grundlagen der Zivilisation und die der Kultur sind älter als diese — nennen wir sie zusammenfassend: „Glaubensdenkrichtung." Ein wesentlicher Teil stammt aus vorgeschichtlicher Zeit, über deren Lebensphilosophie wir gar nichts wissen, die Grundlagen der Kunst, des Rechtes, der Staatsorganisation sind, in Europa von den vorchristlichen und vorplatonischen Zeiten übernommen worden. Der gesamte Unterbau der Zivilisation, also des praktischen Lebens, ist bloßer „Naturalismus", das heißt Regeln und Erfahrungshandlungen, die der Mensch mit einfacheren Lebensstufen teilt.

Man hat also kein Recht zu sagen, die abendländische Kultur sei eine Frucht der Glaubensdenkrichtung. Nur gewisse Sondererscheinungen sind erst seit den 2500 Jahren dazugekommen, seitdem sie Einfluss auf das Leben gewonnen haben. Es sind solche erfreulicher und bedauerlicher Art darunter. Die großartige Entwicklung der Technik und des Wissens, die Humanität, der Weltverkehr, die Zunahme der inneren Freiheit und des Zusammengehörigkeitsgefühls der Menschen, soziale Gerechtigkeit und Ausgleich, das steht auf der erfreulichen Seite, die schreckliche Zerklüftung, Gehässigkeit und Unduldsamkeit des Glaubens und der Partei halber, der Stumpfsinn und Bildungshass so weiter Kreise, die Überspannung der Autorität auf allen Gebieten und ihr Missbrauch zur grauenvollen Verfolgung und Ausbeutung sind in einer langen und traurigen Geschichte seit dem römischen Cäsarenwahnsinn als der ersten Überspannung der Autorität bis heute auf vielen Seiten aufgezeichnet. Und es kann niemandem verborgen bleiben, dass die erfreulichen, den Menschen das Leben erleichternden Dinge erst entstanden sind und zugenommen haben, nachdem jene „Glaubensdenkrichtung" an Anerkennung verlor, welche die betrübenden, Menschen bedrückenden und quälenden Einrichtungen aus ihren Lehren abgeleitet hatte. In dem langen und noch lange nicht beendeten Kampf des Erfreulichen und Traurigen sind Siege und Niederlagen auf beiden Seiten stets ganz parallel verteilt gewesen, danach, wie sich die historische Philosophie und ihre Ausläufer zunehmender Wertschätzung erfreuten oder nicht beachtet wurden. Im Allgemeinen lässt sich schon seit 400 Jahren in wachsendem Maße ein stetiges, wenn auch langsames Zurückweichen der „Glaubensdenkungsart" erkennen und damit eine zunehmende Erleichterung im menschlichen Leben. Es kann bei diesem Zustand der Dinge für einen Menschenfreund, ja auch nur den

Selbsterhaltungstrieb kein Schwanken geben, welcher Seite man sich zuwenden müsse, wenn auf der einen Seite gefördertes, aufsteigendes, sich entfaltendes Leben, auf der anderen gehemmtes, eingeengtes, unterdrücktes Leben steht. Und da sich sämtliche metaphysische Philosophen auf der Seite der „Glaubensdenklehre" stellen, auch die Intuitionisten und Okkultisten, wie wir vorhin gesehen haben, so ist es erklärlich, wenn ganze aufsteigende Völker in Bausch und Bogen sich von jeglicher Philosophie abwenden, weil sie sie als Feind des Lebens empfinden.

Ich will es ganz offen gestehen, dass ich mich allmählich auch zu diesem Standpunkt durchgearbeitet habe, Leben ist das positivste, das oberste Regulativ und es gibt keine höhere Aufgabe, als es zu erkennen, zu fördern, zur höchsten Entfaltung zu bringen.

Diesem Zweck zulieb habe ich auf den ersten hundert Seiten dieses Buches so viele Lebenstatsachen zusammengetragen und geprüft. Alle diese Dinge, von Kleinwesen und Pflanzengestaltung, von Knochenbau und menschlichen Organen, vom Goldenen Schnitt und Umschmelzung, von Himmelskreislauf und der Lebensgemeinschaft des Waldes bitte ich nur als ein „Gleichnis" anzusehen, das sich auf uns selbst bezieht. Denn da wir hineingestellt sind in diese Welt, ihren Gesetzen und Beziehungen genau so unterworfen wie jeder andere Bestandteil des „Bios"[23], müssen die aus der Welt zusammenströmenden Zeugnisse für das Walten eines einheitlichen Gesetzes der Harmonie auch für uns gelten. In der Geschichte der Kunst und Technik, in menschlichen Organisationen, also Kulturwerken, hat sich auch gezeigt, dass sie gültig sind und die Kultur ebenso bestimmen wie die Natur, dass die harmonische Ordnung mit ihren Folgen auch im Menschenleben dieselbe Rolle spielt wie im Organismus, im Wald oder im Kosmos.

Auf diese Erkenntnis kommt es mir an, auf nicht mehr, aber auch nicht weniger.

Es kann also von der „Philosophie" aus gar nicht beurteilt werden, wenn gewisse Erfahrungsregeln, als lebensförderlich erkannt, den Anspruch erheben, auf das menschliche Dasein angewendet zu werden und seine Organisationen zu beeinflussen. Die wichtigste dieser Erfahrungsregeln ist die, dass harmonische Abläufe lebensförderlich, disharmonische aber schädlich sind, dass die ersteren zu Erfolg, Gesundheit, richtigen Leistungen und Dauer führen, die anderen aber zu Misserfolg, Krankheit, Schädigungen und Untergang. Das sind Erfahrungssätze, nicht aber „philosophische" Erkenntnisse.

---

23 Unter „Bios" habe ich in meinem gleichnamigen Werk den Komplex verstehen gelehrt, der den gleichen Gesetzmäßigkeiten von Sein, Funktion nach kleinstem Kraftmaß Integration, Selektion und Optimum untersteht, die in dem Harmoniegesetz wirksam sind. Dieser Komplex umfaßt sowohl die Geisteswelt des Menschen, wie die Vorgänge des Naturgeschehens.

Diese Regeln sind durch zahlreiche Forschungen auf allen Gebieten (vgl. Fußnote S. 85) nachgewiesen und heute schon hundertfach erhärtet worden, sie sind allen Diskussionen entrückt, aber durch Forschung kontrollierbar. Es kann somit die Weltanschauung eines Menschen sein wie immer, wenn er lebt, arbeitet, etwas organisiert, sich sein Dasein einrichtet, muss er dennoch das Harmoniegesetz befolgen, will er in seinem Tun erfolgreich sein. Ob er nun „glaubt", dass ein persönlicher Gott die Welteinrichtung geschaffen und seinen Sohn zur Erlösung der Menschheit in einem gegebenen historischen Moment auf die Erde gesendet habe, oder ob er Materialist ist, der sagt, es gibt Zusammenhänge zwischen Kraft und Stoff, deren Zusammenspiel, so wie sie heute sind, auf Zufällen zustande kam — beide müssen das Harmoniegesetz achten, wollen sie nicht von Schaden zu Schaden kommen. Wie immer sich die metaphysischen Anschauungen eines Denkers gestalten mögen, der Kantianer, der Bergsonianer so gut wie der Okkultist, sie stehen ganz gleicherweise den Erfahrungstatsachen gegenüber, dass das Maßverhältnis 5:8 ästhetisch befriedigend wirkt, dass harmonische Gestaltung von Verspreizungen in einem Knochen oder einem Eisenhochbau mehr Stabilität und daher größere Dauer sichert als eine andere, dass eine nach dem Harmoniegesetz erfolgende Zusammenordnung und Lebenserfahrung mehr Erfolge aufweist als jede andere. Ihre Versuche, die Ursache dieser Tatsachen zu ergründen, mögen sie hinführen, wohin immer sie gelangen, die Tatsachen als solche bleiben bestehen. Und dem menschlichen Leben kommt es nur darauf an.

> *In allen seinen Betätigungen, in der Nahrungs- und Kleidungswahl, in Technik und Kunst, im Geschäfts- und Familienleben, im Liebesleben und in der Kindererziehung, in Politik und Organisationen, überall schafft die An- wendung des Harmoniegesetzes Nutzen.*

Um zum Ende zu kommen: die Lehre von der Harmonie als Weltgesetz ist keine Philosophie, sie ist mit jeder Philosophie vereinbar und steht und fällt mit keiner. Sie hat mit Philosophie nichts zu tun, sondern sie ist eine Lebenslehre.

Als solche aber gehört sie zum wichtigsten Wissen, das jeder Mensch nötig hat. Eine bestimmte Weltein- richtung ist da, die jeder kennenlernen und zu der er sich stellen muss. Man kann nicht richtig leben, ohne sie zu kennen. Man muss aber auch nach ihr leben, wenn man nicht unglücklich sein will. Die mensch- lichen Einrichtungen auf allen Gebieten werden sich verbessern, wenn man sie diesem Gesetz anpasst, das ohnedies ständig durch uns am harmonischen Weltganzen mitarbeitet.

Am Ende steht ein versöhnender und erhebender Gedanke. Die Menschheit als Ganzes ist durchaus im Begriff, das Richtige, nämlich das Lebensfördernde zu tun. Denn es gibt wohl kaum ein Volk der Erde, das nicht zumindest intuitiv erkannt hätte, dass eine naturgesetzliche harmonische Ordnung in der Welt existiert. Ob nun religiöse Intuition oder klares naturwissenschaftliches Erfahrungsdenken auf dieses Ziel geführt hat, es ist doch das gleiche und mündet in der Erkenntnis einer übergeordneten Harmonie, nach der sich alles sinnvollerweise zu richten hat, wenn das Leben gelingen soll. In diesem Sinn ist auch die Lehre von der Harmonie mit tiefster Religiosität vereinbar.

Diese Schrift enthält einen Extrakt alles dessen, was ich „weiß" und weitergeben will. Es gilt nur noch, nach der Erkenntnis zu leben:

> *Alles in Harmonie getane ist wie ein Sonnenaufgang für einen langen, strahlenden und erfolgreichen Tag.*

Abrupte Klimaschwankungen seit 2000 Jahren

Lokale und kosmische Ursachen eines Klimawandels. Herausgeber: Sedlacek, Klaus-Dieter (Hrsg.). Innerhalb der letzten zwei Jahrtausende sind verschiedene abrupte Klimaschwankungen nachweisbar. Der fortwährende Wandel des Klimas verzeichnete allein fünf große Klimaepochen und zahlreiche ...

Anleitung zum Roman-Schreiben

Wie man anfängt, einen Plot entwickelt und eine gute Geschichte erzählt. Autor: Wilde, Oliver J. Sie wollen einen Roman schreiben? Das ist toll! Aber begnügen Sie sich nicht damit, nur einen Roman ...

Besseres Gedächtnis

Wie man es stärkt, trainiert und einsetzt. Autor: Atkinson, Wilhelm Walker. Viele Menschen scheinen zu glauben, dass Erinnerungen einfach kommen und nicht gefördert werden können. Aber der Trugschluss einer solchen Vorstellung wird ...

Der erdgeschichtliche Klimawandel

Den wahren Ursachen von Klimaschwankungen auf der Spur. Autor: Wilhelm Bölsche , Klaus-Dieter Sedlacek (Hrsg.). Der Klimazustand während der letzten Jahrhunderttausende ist im Wesentlichen auf den Einfluss von Sonneneinstrahlung zurückzuführen, die ...

Der verborgene Mechanismus des Weltgeschehens

Der verborgene Mechanismus des Weltgeschehens Neue Erkenntnisse über die Gestalten biotechnischer Systeme der Welt Autoren: Sedlacek, Klaus-Dieter; Francé, Raoul H. Seit Jahrtausenden ist die Menschheit bestrebt, die Welt, in der sie lebt, erkennen ...

Die geheimnisvolle Kultur der alten Kelten

Von Druiden, Fürstensitzen und der Lebensart unserer frühgeschichtlichen Vorfahren. Autor: Grupp, Georg Die Kelten zeichneten sich aus durch hohes handwerkliches Können, Handelsbeziehungen bis in den Süden Europas und tollkühnem Mut, der den ...

Die Kultur der Azteken

Mit einem Anhang Große Landesausstellung Baden-Württemberg „Azteken" im Lindenmuseum. Autor: Prescott, William. „Von dem ganzen ausgedehnten Reich, das einst die Herrschaft Spaniens in der Neuen Welt anerkannte, ist kein Teil an Wichtigkeit ...

Die letzten Ursachen

Das Buch der Naturerkenntnis. Hrsg.: Sedlacek, Klaus-Dieter. Die klassischen physikalischen Theorien, zum Beispiel die klassische Mechanik oder die Elektrodynamik, haben eine klare Interpretation. Den Symbolen der Theorie wie Ort, Geschwindigkeit, Kraft beziehungsweise ...

Durchblick Chemie

Praktische Grundlagen und Einführung in die anorganische, organische und Biochemie Klaus-Dieter Sedlacek, Lassar Cohn, Walther Löb Wollen Sie in unserer modernen Welt mitreden? Dann brauchen Sie den Durchblick! Dazu gehören auch Grundkenntnisse ...

Einfach logisch denken!

Oder die Gesetze des Denkens. Autor: Atkinson, Wilhelm Walker In diesem Buch werden die Methoden und Prinzipien der korrekten Anwendung des Denkvermögens aufgezeigt, und zwar auf eine einfache und klare Weise, ohne ...

Einsteins Relativitätstheorie ganz ohne Mathematik

Spezielle und allgemeine Relativitätstheorie Paul Kirchberger , Klaus-Dieter Sedlacek (Hrsg.) Man wird nicht selten gefragt, ob man eine Schrift wisse, die in die Einsteinsche Theorie für Laien so einführen könne, dass ...

Epigenetik-Experimente

Neuvererbung oder Beweise für die Vererbung erworbener Eigenschaften? Autor: Kammerer, Paul Der Biologe Paul Kammerer wurde durch seine Aufsehen erregenden Experimente zur Epigenetik berühmt. In einer seiner Versuchsserien verwendete er zwei Arten ...

Freizeitvergnügen Sternenhimmel mit bloßem Auge

Wie man Sternbilder auffindet ohne Instrumente. Autor: Kirchberger, Paul. Der Anblick des gestirnten Himmels ist das Größte, das uns die Natur zu bieten vermag, und kein empfängliches Gemüt kann sich seinem Eindruck ...

Gestalt-Psychologie

Einführung in die neue Psychologie vom Begründer der Gestaltpsychologie Kurt Koffka , Klaus-Dieter Sedlacek (Hrsg.) Kurt Koffka hat als forschender Psychologe für dieses Buch zur Einführung in die Psychologie einen besonderen ...

Im dunkelsten Afrika

Die legendäre Emin-Pascha Expedition. Autor: Stanley, Henry M. Im Sudan, der ab 1821 unter die Herrschaft der osmanischen Vizekönige von Ägypten gekommen war, brach 1881 der Mahdiaufstand aus. Nach dem Abzug der ...

Klimaänderungen und Klimaschwankungen

Ursachen, historische Fakten und kosmische Einflüsse, sowie ein Anhang „Mittelalterliche Warmzeit" Eduard Brückner, Julius Hann , Klaus-Dieter Sedlacek (Hrsg.) Größere Klimaänderung und Klimaschwankungen können nicht ohne einen tiefgehenden Einfluss auf das ...

Kultur erleben mit dem Wohnmobil in Frankreich

Vierzig kulturelle Highlights, Park- und Übernachtungsplätze sowie Navigations-Koordinaten Klaus-Dieter Sedlacek (Hrsg.) Dieser Wohnmobilführer ist anders. Er hilft uns, Kulturerlebnisse zu einem Genuss werden zu lassen. Er enthält die Beschreibung von vierzig kulturellen ...

Leben in der Warmzeit der Erde

Aus den Urtagen vor dem heutigen Klimawandel Wilhelm Bölsche , Klaus-Dieter Sedlacek (Hrsg.) Der Weltklimarat schlägt Alarm. Die Lage spitzt sich zu: Die Erde erwärmt sich immer mehr. In diesem Buch geht ...

Leonardo da Vinci

Seine naturwissenschaftlichen Studien und genialen Erfindungen Hermann Grothe , Klaus-Dieter Sedlacek (Hrsg.) Leonardo da Vinci versuchte, ein Phänomen zu verstehen, indem er es genau beobachtete und bis ins kleinste Detail beschrieb ...

Liebesbeziehungen und deren Störungen

Lebensführung nach den Grundsätzen der Individualpsychologie. Autor: Alfred Adler , Klaus-Dieter Sedlacek (Hrsg.). Um einen Menschen ganz kennenzulernen, ist es notwendig, ihn auch in seinen Liebesbeziehungen zu verstehen ... Wir müssen ...

Massenpsychologie am Beispiel Jan Bockelsons

Geschichte eines Massenwahns mit einer Einführung von Sigmund Freud Friedrich Reck-Malleczewen , Klaus-Dieter Sedlacek (Hrsg.) Der Begriff Massenhysterie oder auch Massenwahn bezeichnet eine starke emotionale Erregung in großen Menschenmengen. Auch massenhaft ...

Meine erste Weltumseglung

Tagebuch einer epochalen Expedition James Cook , Klaus-Dieter Sedlacek (Hrsg.) James Cook unternahm seine erste Weltumseglung im Rahmen einer wissenschaftlichen Expedition, um den Durchgang des Planeten Venus vor der Sonnenscheibe – ...

Mit der Beagle um die Welt

Bericht meiner Forschungsreise zum Galapagos-Archipel Charles Darwin , Klaus-Dieter Sedlacek (Hrsg.) Auszug aus Darwins Reisebericht: Ich habe die Reise mit zu tief empfundenem Entzücken gemacht, als dass ich nicht jedem Naturforscher empfehlen ...

Peking – Paris im Automobil

Die legendäre 16.000 km – Rallye 1907. Autor: Barzini, Luigi. „Gibt es jemanden, der diesen Sommer eine Fahrt per Automobil von Peking nach Paris unternehmen wird?", fragte die Pariser Zeitung Le Matin ...

The great god Pan / Der große Gott Pan – zweisprachig

Horror story English – German / Horror Geschichte Englisch – Deutsch. Autor: Machen, Arthur. The Great God Pan is a horror and fantasy novel by the Welsh writer Arthur Machen. Machen was ...

Treibhauseffekt und Klimawandel

Energiewende, ja bitte, aber nicht wegen CO2. Von Sedlacek, Klaus-Dieter (Hrsg.) Dieses Buch dokumentiert zum Thema Klimawandel und CO2 teils unbequeme wissenschaftliche Fakten bzw. Meldungen und die dazugehörigen Quellen. Sie sind eingeladen, ...

Unsterbliches Bewusstsein

Raumzeit-Phänomene, Beweise und Visionen – Taschenbuchausgabe Klaus-Dieter Sedlacek In diesem Buch geht es weder um Glauben noch um Esoterik, sondern um Beweise. Glaubwürdige, wissenschaftliche Beweise, die in eine Form gepackt sind, dass ...

Wege zur Physikalischen Erkenntnis

Meine wissenschaftliche Selbstbiographie, Reden und Vorträge Max Planck , Klaus-Dieter Sedlacek (Hrsg.) Diese erweiterte Neuauflage des Buchs „Wege zur physikalischen Erkenntnis" enthält neben der wissenschaftlichen Selbstbiographie folgende Vorträge: Die Einheit des physikalischen ...

Wie intelligent sind Pflanzen?

Sensationelle Einblicke in die geheime Seite des pflanzlichen Wesens Autoren: Wagner, Adolf; Sedlacek, Klaus-Dieter In diesem Buch behandeln die Autoren Fragen zum Thema Intelligenz und Bewusstsein bei Pflanzen und geben Antworten. Der ...

Wie man seinen Verstand benutzt

Und seine Willenskraft stärkt. Ein praktisches Handbuch der Psychologie. Autor: Atkinson, Wilhelm Walker. Der Mechanismus der psychischen Zustände – die geistige Maschinerie, mit deren Hilfe wir fühlen, denken und wollen – ...

https://leseproben.net